イノベーション・マネジメント研究
Innovation management No.13 2017

contents

依頼論文	大学のグローバル化と日本の社会科学
	加藤哲郎 …… 1

査読論文	学生の倫理的消費の動向に関する行動経済学的な視点からの一考察 ―新たな消費者政策の可能性をめぐって―
	樋口一清・重山紀子 …… 9

査読論文	反転のイノベーション戦略
	橋本規之 …… 19

研究ノート	"マイチップ"の可能性 ―半導体技術におけるスケーリングの終焉と今後の展望―
	若林信一 …… 45

研究ノート	企業不祥事と内部統制 ―失われた"日本のものづくり神話"を取り戻すには―
	樋口一清 …… 55

調査報告	『学生コンサルタント・チームによる経営コンサルティング演習の報告』 ―信州大学経営大学院におけるアクション・ラーニングの取り組み（Part 2）―
	今村英明 …… 62

Journal of Innovation Management

No.13　2017

Contents

Paper

Globalization of Universities and Social Science in Japan

　　Tetsuro KATO ·· 1

Paper

A Study on Trends of Student's Ethical Consumption

-From the viewpoint of Behavioral Economics-

　　Kazukiyo HIGUCHI, Noriko SHIGEYAMA ································· 9

Paper

Inverse Innovation Strategy

　　Noriyuki HASHIMOTO ··· 19

Note

Reality of "My Chip" Development

-The End of Semiconductor scaling and the future Prospect of the Industry-

　　Shinichi WAKABAYASHI ·· 45

Note

Corporate Scandals and Internal Controls

　　Kazukiyo HIGUCHI ··· 55

Survey Report

Report on Management Consulting Field Projects by Graduate Student Teams

-An Action Learning Program at the Institute of Innovation Management, Shinshu University-

　　Hideaki IMAMURA ··· 62

●依頼論文

大学のグローバル化と日本の社会科学

一橋大学名誉教授

加藤　哲郎

1　はじめに——海外から注目される戦前日本の軍産学協同

　評論家立花隆の大作の一つに、『天皇と東大』という書物がある[1]。明治期から第二次世界大戦敗戦までの東京帝国大学の歩み、特に天皇制国家及び戦争との関わりを克明に追いかけた労作だが、その英訳が、2017年11月、完成された。米国マサチューセッツ大学アムハースト校の日本研究者リチャード・マイニアRichard H. Minear名誉教授の翻訳で、立花隆と共著になっている。マイニア教授は、英語版Wikipediaにあるように、『東京裁判：勝者の裁き[2]』などで日本にも知られ、多くの英文著作・論文がある。マイニア教授は、立花隆の書物が2005年に日本語で出てすぐに、ウェブ上のThe Asia-Pacific Journal:Japan Focus[3]で紹介していたが、今回英文フル・テキストを、pdfファイルで全面公開した。世界中から、無料で、自由にダウンロードできる[4]。

　ただし日本語タイトルの『天皇と東大』は、英文では『Tokyo University and the War（東大と戦争)』とされている。外国人にとって、この方が、日本の大学・学問と戦争・軍事化の関係、アジア・太平洋戦争における日本の科学技術の役割が見えてくる。いわば日本の「殖産興業・富国強兵」と帝国大学を中心とした「文明開化」「学問の近代化」の関係が、関心をもつ世界の人々に、英語で具体的に示されたかたちである。彼らが注目するのは、日本の学問と軍事化の関係、特に国家予算の配分における軍事研究の比重と仕組み、人事における軍部と大学の癒着である。

　『東大と戦争』の全文が公開されたThe Asia-Pacific Journal: Japan Focusは、世界のアジア・太平洋研究者が交流する、大きなリベラル系英文サイトである。英語圏のみならず、ドイツ語・フランス語・スペイン語・ロシア語圏にも読者は多い。そこで日本研究は長く中心的対象であったが、最近は中国・韓国・東南アジア研究のペーパーも多い。世界的な日本への関心の衰退、日本研究の退潮を反映している。

　米国中心だが、よりオーソドクスで学術的なJournal of Japanese Studiesも、今日ではウェブ上で公開されている[5]。査読を経たすべての論文は、htmlかpdfで簡単に読める。こうした意味で、今日の日本研究は、日本人研究者が日本語で交流する場ではない。グローバル化の中で世界に公開され、過去の歴史も現在の問題もオープンに議論されている。

　ただし両誌とも、かつての「ジャパン・アズ・ナンバーワン」「日本的経営」礼賛の論文が氾濫していた時代とは、日本への関心も研究テーマも異なる。源氏物語からアニメまで、文化やサブカルチャーへの関心が強い。ジェンダー、沖縄、アイヌ、在日朝鮮人など日本社会におけるマイノリティーの問題が、若い研究者や大学院生によって論じられる。

　政治・経済・経営が論じられる機会は少なくなった。いうまでもなく、国際社会における日本経済の停滞と相対的地位の低下、アジアにおける中国の台頭と米中関係基軸の世界再編が、学問の世界にも影を落としている。冷戦崩壊後の新自由主義的グローバライゼーションが、米国に寄生して西側世界ナンバーツーに成り上がっていた日本への関心を希釈し、改革開放であっという間に「世界の工場」になった中国への関心が、米国を含む世界のアカデミズムで強まった結果である。

　グローバル化は、ひとまず日本の国際的位置を客観的に映し出し、20世紀とは異なる世界の日

---

(1) 立花隆『天皇と東大——大日本帝国の生と死』上下、文藝春秋社、2005年。
(2) 『東京裁判：勝者の裁き』安藤仁訳、福村出版、1972年。
(3) http://apjjf.org　2017年12月30日閲覧（ウェブサイ

トについては以下同）。
(4) 以下でダウンロード可能 https://press.rebus.community/tokyouniversityandthewar/
(5) http://depts.washington.edu/jjs/

本への関心の在処を浮き彫りにした。

2 日本政府と文部科学省のグローバル化対策——忙しすぎる若手研究者

　日本政府も、もとより手をこまねいていたわけではない。バブル経済の終焉と経済成長の鈍化、少子高齢化による若年人口の減少、大学進学率6割程度での頭打ちに合わせて、高等教育の再編を進めてきた。全国約780の大学をG大学とL大学に分け、グローバル化に対応して高度な研究教育にたずさわるG大学はせいぜい30大学程度と見定め、残りのL大学には、ローカルに実践的労働力育成と地域貢献に専念せよと提言され、「世界ランキングトップ100を目指す力のある大学」に対しては、「スーパーグローバル大学創成支援」という2017年度63億円の特別予算措置がとられた[6]。

　もともと文部科学省は、大学設置基準の大綱化、国立大学の法人化、旧帝大等の大学院重点化などの制度改革と、研究・教育予算配分や人事の流動化を通じて、大学支配を強めてきた。法人化した86の国立大学は、2004年から15年まで運営費交付金の毎年1％削減を強いられ、教員の研究費削減や定員不補充、任期付教員採用を余儀なくされた。16年からは、①世界に伍する研究大学（16大学）、②特色ある研究を有する大学（15大学）、③地域連携重視の大学（55大学）と差別化し、研究大学・特色大学・地域大学のカテゴリー内部で「効率化」を競わせる仕組みを作った。国立大学における「選択と競争」である。

　①の研究大学の中から東北大・東大・京大を「指定国立大学法人」とし、東工大・一橋大・名古屋大・大阪大を「指定候補」大学としたが、その選別の指標は、世界大学ランキングなどグローバル化に伴い作られた国際的評価システムである。同時に私立大・公立大を含む全国の大学に、経営学の品質管理から大学管理に応用された

PDCAサイクル（PDCA cycle、plan-do-check-act cycle）によるKPI（Key Performance Indicator）評価が採用され、認証評価・法人評価などに適用された[7]。

　学長のリーダーシップが強調され、教授会の頭越しで直属チームが作られる。研究・教育の第一線にある若手の優秀な研究者ほど、絶え間ない書類作りに動員され、研究時間がとれない。国際的評価でも国内評価でも、外国人教員の採用や留学生の比率が重要指標とされる。文部科学省の国際化拠点整備事業（グローバル30）では、「英語による授業のみで学位が取得できるコース」により欧米系のエリート留学生を吸引しようとした。しかし実際に急増したのは、改革開放で急速に近代化を進める中国、ベトナムなどアジア諸国からの留学生だった。

　私自身は、2017年3月に早稲田大学大学院政治学研究科客員教授を退任し、大学運営や学術振興会科学研究費補助金など各種申請書類作りから解放された。2010年まで勤めていた一橋大学で、初期の中期目標・中期計画、機関別評価、研究戦略づくりに携わった経験からしても、現在の大学改革のあり方は、異様で拙速に見える[8]。

3 世界大学ランキングの陥穽——自然科学評価手法の人文社会科学への強制

　そもそも欧米仕様の世界大学ランキングで、日本の大学を上位に参入させようという文部科学省のグローバル化戦略それ自体が、無理のあるものだった。創立時期・成立事情も使用言語も異なる世界の大学を、同一平面に並べて序列化する世界大学ランキングは、21世紀の産物である。高等教育・研究におけるグローバル化に対する反作用の典型である。

　もともとアメリカ・カナダには、1967年からの「ゴーマン・レポート」や、1983年に始まる『USニューズ＆ワールド・レポートU.S.*News &*

---

(6) 文部科学省「スーパーグローバル大学創成支援事業」http://www.mext.go.jp/a_menu/koutou/kaikaku/sekaitenkai/1319596.htm

(7) 文部科学省「平成29年度国立大学法人運営交付金の重点支援の評価結果について」平成29年1月12日 http://www.mext.go.jp/b_menu/shingi/gijyutu/gijyutu4/028/houkoku/__icsFiles/afieldfile/2017/01/12/1381058_01.pdf

(8) 今日の大学改革の問題点の全体については、山口裕之『「大学改革」という病』明石書店、2017年、参照。私自身はその背景を、冷戦終焉・ソ連崩壊後の

米国型「近代化論」の世界化に見出し、その歴史的原型を、戦時米国の「マンハッタン計画」による自然科学・技術者動員による原爆製造の期限付大型プロジェクト、及び戦略情報局（OSS、戦後CIAの前身）調査分析部（R&A）による人文社会科学者2000人の動員による非マルクス主義的「近代化論・国民経済計算・地域研究」型方法論による学問組織化・信頼性評価システムに見出した（加藤「現代社会科学の一部となったグラムシ」『季報　唯物論研究』39号、2017年）。

World Report』誌による大学ランキング「アメリカのベスト・カレッジ（America's Best Colleges）」があった。ただしアメリカは、もともと世界から人材を吸収し、アイビーリーグをはじめとする一流大学がエリート育成を引き受けてきたから、アメリカでトップならばそのまま世界に通用する自信があった。事実、21世紀の各種世界大学ランキングで上位を占めるのは、多少の順位の入れ替えはあっても、ハーバード大学などアメリカ・アイビーリーグのトップ大学とMITなどエリート工科大学、それにOxford, Cambridgeなどイギリスの有力大学で、ほぼベストテンを独占した。

それに対して、2003年に中国共産党・江沢民総書記が、自分の出身大学である上海交通大学にノーベル賞やフィールズ賞受賞、『*Nature*』『*Science*』誌への掲載・引用を指標にした世界ランキングを作らせ、中国の大学の遅れを浮き彫りにして、改革開放から科学技術の世界支配を狙った大学再編に乗り出した。事実、その後の中国の経済発展に伴い、中国の高等教育機関の増殖と一流大学への集中・合併、選択的財政投資による中国の大学の世界大学ランキング参入が進んだ。それと併行して、中国からの留学生が、世界の有力ランキング大学に向かった。欧米の他、香港やシンガポール、オーストラリア、カナダの大学がその受け皿になった。

2004年に始まったイギリス『タイムズ』紙別冊「タイムズ・ハイアー・エデュケーション（TIMES Higher Education Supplement）」による「世界の大学ランキング（THES-QS）」は、今日では「THE世界大学ランキング」（THE-TR）と「QS世界大学ランキング」（QS）とに分かれたが、中国製の国威発揚型世界ランキングの偏りを是正し、ピアレビューやレフェリー付学術誌掲載論文による研究者の研究業績評価、好ましい教育・研究環境、それに外国人教員や外国からの留学生の割合を指標化して、グローバル時代の世界大学ランキングの定番を狙ったものだった。実際、日本の文部科学省や東大などは、特に毎年の「THE世界大学ランキング」（THE-TR）での日本の大学の順位に注目し、2013年の「国立大学改革プラン」では、「スーパーグローバル大学」創成とあわせて、「今後（2020年までに）世界大学ランキングトップ100に10校以上のランクインを目指す」をKPIとした[9]。

しかし実際には、THEランキングで日本の大学は、世界とアジアのなかでの存在感を喪失してきた。例えば2018年版では、東大が過去最低の46位（アジア6位）、京大が74位（アジア9位）だった。上位200位内に中国7校・香港5校・韓国4校・シンガポール2校とアジアの大学が軒並み順位をあげ参入しているのに、日本は、東大・京大の2校に留まった[10]。

もともとイギリスのQS社は、イギリスの大学への留学案内・斡旋を事業のひとつにする民間企業であった。冷戦崩壊とグローバル化で世界の留学生人口が急増するのを見越し、イギリスでPDCA型の国内大学評価を進めてきた「タイムズ・ハイアー・エデュケーション」と組んで、世界の大学の格付けを始めた。世界の留学生は、OECD統計で1990年の130万人から、2000年210万人、2005年300万人、2010年410万人と急激に増大し、今日500万人といわれる。留学生の主な出身国は中国・インドなどで、欧米の著名大学もインターネットの発達に合わせて受け入れ態勢を整え、留学生市場という巨大なビジネスチャンスが生まれた。それに伴い、有力科学者・研究者のグローバルな獲得競争・移動も進んだ。そこに、経営学や財政学ではおなじみの、格付け会社によるレイティングが入った。世界の向学心あるエリート学生の前で、日本の大学は、信用度を落としている。

もともと世界大学ランキングそのものが、それぞれの国ないし機関・企業の思惑で作られており、現在では各国別・専門分野別のほかに、10以上の総合的世界大学ランキングがある。それぞれに評価方法・指標が異なり、経営管理から発したPDCA型の制度的評価よりも、もともとアメリカの国内大学ランキングで用いられてきた格付け、いくつかの数量化しうる指標にウェイトをかけてポイント化する市場的評価が有力になった。これが日本のみならず、世界の大学に、競争・序列化と大学改革を強いている。留学生獲得・就職指導のみならず、有力研究者の引き抜き競争、有力大学への集中的投資と学部・学科再編、外部資金獲得による産学・軍学協同、卒業生ネットワー

---

(9) 「政府方針における大学ランキングの位置付け」「日本再興戦略2016」（平成28年6月2日閣議決定）、「第5期科学技術基本計画」（平成28年1月28日閣議決定）http://www.mext.go.jp/b_menu/shingi/gijyutu/gijyutu4/037/shiryo/__icsFiles/afieldfile/2016/07/15/

1374541_06.pdf
(10) 木村正人「中国の大学は大躍進、止まらない東大の没落　世界大学ランク46位　日本は『大学村』を破壊せよ」（2017年9月5日）https://news.yahoo.co.jp/byline/kimuramasato/20170905-00075394/

クと寄付金集めのシステム化、個々の研究者のレフェリー付英文専門雑誌への投稿奨励と厳格な定期的業績審査、期限付研究プロジェクトと任期付教員・研究員の採用、その結果としての自然科学・技術学・実用教育の重視、基礎科学・人文社会科学の縮小、哲学や歴史学の軽視につながった。

こうした問題について私は、かつて「社会科学の総合大学」である一橋大学執行部の一員としてその功罪を論じ、ハーシュマン経済学の用語で言えば参入してvoiceを発する道のほかに、自然科学を持たない専門大学として競争に巻き込まれずexitする道もあること、日本の大学として独自の科学研究の評価基準・評価システムを作る道もありうることを提言した。その提言は、いまもWikipedia日本語版の「世界大学ランキング」の項の参考文献とされ、また文部科学省職員や高等教育研究者に助言する機会があった[11]。

しかし、日本政府の科学技術基本計画、経済産業省の成長戦略や財務相の財政政策に従属した文部科学省のTHE世界大学ランキング志向は、改まることはなかった。また、2001年省庁再編で、もともと初中等教育中心だった文部省と、原子力・宇宙開発・海洋開発の「国策」型特別予算を差配してきた科学技術庁が合併することにより、20世紀にはまがりなりにも「大学の自治」「教授会の自治」が認められてきた日本の大学に、学長リーダーシップの強化と経営学的手法での大学運営、外部からの競争的資金獲得と研究費の差別化・重点配分、もともと科技庁の得意にしてきた自然科学・プロジェクト研究の評価手法の人文社会科学への準用・強制が、文部科学省の名によって進められることになった。

4 「留学生30万人計画」の内実——大多数がアジア人で人文社会科学を学ぶ

こうしたグローバル化と大学改革の受け皿として、文部科学省は、2020年までの「留学生30万人計画」を進めてきた。2017年度で26万7000人というから、数の上では達成されるかもしれない。だが、その内実に立ちいってみると、多くの問題点が見えてくる。

もともと文部科学省が夢見たのは、日本の科学技術の先進性を学ぶために、欧米から最優秀の学生たちが日本に来て、それを誘因にアジア諸国からも日本で学びたい学生が集まることだった。だからこそ文部科学省は、トップ30大学に「英語のみで学位取得が可能なコース」の設置を義務づけ、特別予算をつけてきた。

もともと日本で学ぶのに英語だけで日本語能力を問わないという設定そのものが、スムーズな留学生活と文化交流の点で、大きな疑問であった。実態は、欧米など英語圏からの留学生は5％以下とほとんど増えず（欧州3.2％・北米1.2％・大洋州0.3％）、アジアが93.3％と圧倒的だった。国別では、中国（2017年度10万7260人）・ベトナム（6万1671人）・ネパール（2万1500人）の3国で7割を占める。

大きな誤算は、国別で4割以上を占める中国からの留学生の留学目的の変容、留学ニーズの変化だった。改革開放初期の1990年代までは、欧米には出にくい「貧しい」隣国中国から最優秀な学生たちが来日し、日本の近代化に学んで、中国の現代化に生かそうとした。21世紀に入って急速な経済成長を遂げた「豊かな」中国では、海外渡航が容易になって、わざわざ日本まで来て英語のコースで学位を取る必要はなくなった。最優秀なグローバル人材は、THEなど世界大学ランキングを参照して、アメリカやヨーロッパ、カナダやオーストラリアの英語圏のトップ大学に向かった。今日500万に及ぶ世界の留学生市場の拡大全体が、圧倒的に中国とインドの若者の爆発的留学熱によるものだった。

今日の中国では、欧米の一流大学留学の経歴に比べれば、日本での学位取得は、ワンランク低く見られるようになった。日本政府は入国・就学ビザ取得要件を緩めて留学生を呼び込んだが、中国留学生の4分の1は日本語学校の学生で、大学・大学院と共に多くが専修学校に進学した。卒業生の多くも、中国での厳しい就職競争を見て、日本国内での求職希望が増えた。そうした結果として、中国・アジア市場進出をめざす日本企業への就業者と共に、事実上の外国人労働者、非正規低賃金労働者をも大量に生み出すことになった。

また、大学・大学院留学生の専攻分野別でも、

---

(11) 加藤哲郎『THES/QSランキングにみる一橋大学とLSE』（PDF）http://www.hit-u.ac.jp/intl-strat/news/2007/pdf/20080612-4.pdf、『IDE現代の高等教育』495号特集「大学ランキングの読み方」2007年11月、現在の状況の学術的研究として、石川真由美編『世界大学ランキングと知の序列化』京都大学学術出版会、2016年、参照。

日本の科学技術に学ぶためと想定された理工系学生は、理学1.3％、工学11.5％、農学1.4％で計15％以下にすぎず、圧倒的に人文社会科学系学部・大学院が引き受け、アニメやサブカルチャー研究の学位論文を大量に生み出すことになった（人文科学46.5％、社会科学25.3％、芸術・教育学4.4％）。

2015年の文部科学省「国立大学法人等の組織及び業務全般の見直しについて」は、「特に教員養成系学部・大学院、人文社会科学系学部・大学院については、18歳人口の減少や人材需要、教育研究水準の確保、国立大学としての役割等を踏まえた組織見直し計画を策定し、組織の廃止や社会的要請の高い分野への転換に積極的に取り組むよう努める」と述べて[12]、「人文社会科学不要論」として論議を呼んだ。しかし皮肉なことに、グローバル戦略の留学生受け入れ策としては、アジアの留学生のニーズに応じた人文社会科学系学部・大学院の充実・発展こそが求められているのである。

そのうえ、グローバル化に対応して日本人学生を海外に送り出す計画は、日本経済の停滞と格差拡大にともなって、日本人学生の海外留学が減少した[13]。2004年の8万2945人をピークに減少に転じ、2015年には5万4676人となっている。留学先ではアメリカが2万人を占めるが、韓国・中国・タイ・フィリピンへの留学が増えており、グローバル人材育成という面では、これまでの欧米中心主義的学問よりも、アジア・太平洋の一国としての日本についての研究と教育が求められている[14]。

5　ノーベル賞に幻惑された科学技術政策の軍事化

グローバル化に対する文部科学省の当初の目論みは、21世紀に入って理工系での日本人ノーベル賞受賞者が続いたことを背景に、日本の大学が世界の最先端研究者にとって魅力的な就職・滞在先になり、最優秀の若い学生・研究者が集まることだった。だからこそ、「世界大学ランキング100位内に10大学」といった目標が立てられ、自然科学を中心に、先端領域研究への重点的予算配分、外部資金の獲得競争が奨励された。「世界大学ランキングは、評価方法や評価機関によって大きく変動するため、順位そのものに振り回されるべきものではない。しかし、ランキングの基となる客観的指標を分析すれば示唆に富むものであり、それぞれの客観的指標については継続して把握・解釈を行う事が重要である」といったマイナーな手直しも行われたが、骨格は今日まで維持されている[15]。

しかし、当のノーベル賞受賞者の多くが語っているように、世界に認められた彼らの独創的研究は、20世紀の日本の大学や海外留学時の研究生活の所産であった。自由闊達な討論のできる平和で自主的な研究・教育環境こそが、新しいアイディア、開かれた創造性を育んできた。今日の大学改革は、「国策」に沿って、むしろ自由で自主的な研究環境を狭める方向に進んでいる。

だから、2016年ノーベル医学・生理学賞受賞者大隅良典教授の口からは、「日本の大学の状況は危機的で、このままいくと10年後、20年後にはノーベル賞受賞者が出なくなると思う」と述べられるにいたった。大隅教授は、「1. 研究費・研究時間の劣化による、研究の挑戦性・継続性をめぐる危機、2. 若手研究者の雇用・研究環境の劣化による次代を担う研究者をめぐる危機、3. 世界と競争できる研究拠点の厚みが不十分なことによる『知の集積』をめぐる危機」の、3つの危機を語っている[16]。

2008年ノーベル物理学賞受賞者益川敏英教授は、自身の戦争体験と研究生活を振り返りながら、科学技術が人類の平和な社会生活にも軍事研究にも用いられる「諸刃の科学」であり、グローバル化にさらされた現況を「『選択と集中』に翻

---

(12) 「国立大学法人等の組織及び業務全般の見直しについて（文部科学大臣通知、平成27年6月8日）http://www.mext.go.jp/b_menu/shingi/chousa/koutou/062/gijiroku/__icsFiles/afieldfile/2015/06/16/1358924_3_1.pdf

(13) 以上の留学生統計は、日本学生支援機構JASSO「平成29年度外国人留学生在籍状況調査等について」2017年12月27日。http://www.jasso.go.jp/about/statistics/intl_student/data2017.html

(14) Kaori Okano & Yoshio Sugimoto eds., *Rethinking Japanese Studies: Eurocentrism and the Asia-Pacific Region*, Routledge 2018.

(15) 「第5期科学技術基本計画における指標及び目標値について」（平成27年12月18日総合科学技術・イノベーション会議）http://www.mext.go.jp/b_menu/shingi/gijyutu/gijyutu4/037/shiryo/__icsFiles/afieldfile/2016/07/15/1374541_06.pdf

(16) NHK NEWS WEB「日本人はノーベル賞を取れなくなる？　進む科学技術力の凋落」https://www3.nhk.or.jp/news/special/nobelprize2017/tokushu/tokushu_06.html

弄される現代の科学」と特徴付けた。益川教授は、戦時中の科学動員の歴史に照らして、グローバル化に対する反作用である今日の科学技術政策・大学改革が、立花隆・マイニア教授が英文で発信した戦前日本の「国策」追随型軍産学協同への先祖返りではないか、と危惧している[17]。

自然科学中心の「選択と集中」にもとづく今日の大学再編と序列化、研究予算の差別的重点配分、外部資金獲得競争のもたらすものについて、それが産学協同にとどまらず、軍学協同と科学の軍事化に導くものではないかという懸念は、当の自然科学の最先端部門の担い手たちからも、深刻な問題とされている[18]。

いわゆる「デュアルユース」をめぐって、日本学術会議は、1950年の「戦争を目的とする科学研究には絶対従わない決意の表明」、1967年の「軍事目的のための科学研究を行わない声明」を受け継ぎ、2017年3月に「軍事的安全保障に関する声明」を発表した。「近年、再び学術と軍事が接近しつつある中、われわれは、大学等の研究機関における軍事的安全保障研究、すなわち、軍事的な手段による国家の安全保障にかかわる研究が、学問の自由及び学術の健全な発展と緊張関係にあることをここに確認し、上記2つの声明を継承する」と宣言した[19]。その直接の背景は、日本政府の「国家安全保障戦略」の閣議決定を受けて、防衛装備庁が「安全保障技術研究推進制度」を設け、2017年度は110億円の予算に22の大学と27の公的研究機関が公募に応じたこと、その過程で、米軍からも2008年から16年までに135件8億8000万円の研究助成が大阪大・東京工業大・京大等に提供されていたことが明らかになったことであった[20]。

知のグローバル化に対する、こうした日本政府・文部科学省の「国策」的対応こそ、実は日本の人文社会科学を萎縮させ、若手研究者を競争的外部資金獲得と任期付研究職、膨大な申請書類作りに駆り立てている、大きな誘因である。さらにいえば、こうした問題の歴史的・社会的・文化的背景を、それぞれの専門領域から解明していくことが、自然科学を基軸に進められる日本の大学改革・再編の中で、人文社会科学の存在意義を示すことにつながる。

また、海外の日本研究者が憂慮し警戒する日本の大学・学問の戦前回帰の方向に対して、政府の公式見解とは異なる日本の大学と科学者の自主性・独立性を示すことが、ノスタルジアの戦前回帰とは別の発展の方途、21世紀の未来像を積極的に示す方向につながるだろう。例えばAI（人工知能artificial intelligence）の発達・普及に伴う労働世界と企業経営・秩序の変容、「脱炭素革命」に乗り遅れた日本企業の生き残り戦略等、社会科学から貢献できる領域が、新たに拓けている。

無論、日本の大学の人文社会科学研究者が、それぞれの専門領域で、英文論文を含む業績を研究コミュニティと世界に発信すべきことは、いうまでもない。だがそれは、欧米の最先端の理論の後追いや、世界大学ランキング風の業績競争に直接参入することに集中する必要はない。自然科学の基礎研究と同じように、人文社会科学研究においても、長期の考え抜かれたアイディアが、学問のブレークスルーを産み出すことは、大いにありうる。

20世紀100年の日本の社会科学の業績を通観し読み直した、アメリカUCLAの著名な日本研究者バーシェイ教授が見出した、日本からの世界的水準の研究とは、丸山眞男の政治学と宇野弘蔵の経済学であった。どちらも日本の歴史と現実に根ざしながら、世界に通用する普遍的な概念で日本的特殊性を表現したというのが、その評価・選択理由であった[21]。

---

(17) 益川敏英『科学者は戦争で何をしてきたか』集英社新書、2015年。ノーベル賞の選考過程は、50年後に公表されているから、平和賞や文学賞のみならず、その科学史的意味と共に政治的性格を見出すことは可能である。共同通信ロンドン支局取材班『ノーベル賞の舞台裏』ちくま新書、2017年、参照。

(18) 池内了『科学者と戦争』『科学者と軍事研究』共に岩波新書、2016・2017年、杉山滋郎『「軍事研究」の戦後史』ミネルヴァ書房、2017年、山本義隆『近代日本150年——科学技術総力戦体制の破綻』岩波新書、2018年。社会科学からも、1945年までであるが、駒込武他編『戦時下学問の統制と動員』東京大学出版会、2011年、沢井実『近代日本の研究開発体制』名古屋大学出版会、2012年。

(19) http://www.scj.go.jp/ja/member/iinkai/anzenhosyo/pdf23/170324-seimeikakutei.pdf

(20) 「米軍から研究費、8.8億円　大学などに9年で135件」『朝日新聞』2017年2月8日。https://digital.asahi.com/articles/ASK285T8CK28ULBJ00N.html

(21) アンドリュー・E.バーシェイ（Andrew E. Barshay）『近代日本の社会科学——丸山眞男と宇野弘蔵の射程』NTT出版、2007年。なお日本の大学の20世紀については、天野郁夫の一連の研究、『大学の誕生』上下、中公新書、2009年、『高等教育の時代』上下、中公叢書、2013年、『新制大学の誕生』上下、2016年、名古屋大学出版会、『帝国大学　近代日本のエリート育成装置』中公新書、2017年、参照。

6 おわりに——社会科学から貢献できる大学史・学問史の見直し

2011年の東日本大震災・福島原発事故以降、私は、日本の科学技術政策の問題に、政治学・現代史研究の立場から取り組んできた。物理学の専門知識はなくても、原爆や原発がどのような社会的意味を持ち、どのような政治力学・国際関係のなかで生成・発展してきたかは、人文社会科学の方法で解明できる[22]。生理学や医学の最先端に詳しくなくても、軍事研究として人体実験をした関東軍731部隊の倫理性、ペスト菌を培養して細菌戦に用いた問題性、それに携わった医師・医学者が何故に戦争責任を免責され、戦後医学・医療の世界で復権できたかを研究することは、米国の占領政策や冷戦構造の研究の一環だった[23]。科学技術の歴史的発展やグローバル化時代の大学・学問の現状は、日本政府の「国策」や文部科学省の意向はどうあれ、日本の人文社会科学の研究者に、新しい自主的研究課題を提示したものと捉えることができる。

2017年12月に、京都大学は、湯川秀樹博士の1945年1-12月の日記を、初めて公開した[24]。湯川秀樹は、いうまでもなく、日本人として初のノーベル賞受賞者であり、戦後日本の科学技術立国の象徴、核廃絶など科学者の社会的責任提唱と平和運動の代表者であった。その敗戦前後の日記の公開にあたって、マスメディアは「湯川秀樹　戦中の原爆研究に言及　京大が日記公開」等と、敗戦直前の日記に記された「F研究」（京大・荒勝文策教授と海軍の組んだ日本の原爆開発計画、陸軍と組んだ理研・仁科芳雄博士の「二号研究」とは別）への関与を報じた[25]。

だが、人文社会科学の出番は、ここからである。1945年の湯川秀樹日記には、各地の空襲・大本営発表など戦況、ポツダム宣言全文の筆写、占領軍士官の研究室訪問、西田幾太郎・高山岩男ほか多数の訪問者・会見者の名が出てくる。自然科学や科学史の観点からは、戦火のもとで続けられた量子力学講義や敗戦後のサイクロトロン破壊

への記述が重要だろう。しかし、私や幾人かの研究者は、1945年1月8日の『朝日新聞』に掲載された「科学者新春の夢　華府（ワシントン）を吹飛ばす　洞穴から『謎の放射線』　湯川博士の夢」という日本製新型兵器による「一発逆転」を論じた記事に注目していた[26]。発表された日記には、この記事についての記述はない。ただし1月11日に「朝日新聞橋本記者来室」とある。

3月5-9日の湯川秀樹日記には、静岡県浜松市に出張し、「平田森三氏」や「野村少将」と会談したという、さりげない記述がある。これは、軍事技術史や浜松郷土史から調べると、敗戦直前に陸軍野村恭雄少将のもとに、軍事研究のために作られた東京帝大第二工学部の平田森三教授・糸川英夫教授をはじめ軍産学数百人の科学者・技術者を動員して進められた「決戦兵器（マルケ作戦）」熱誘導爆弾の浜名湖での測定実験に、湯川秀樹も動員され協力させられたことを意味する[27]。

6月末から7月の日記に、もともと兼任教授だった東大への転勤・移籍を一度は受諾し、「矢張りどうしても行きたくない」ので断り、京大に留まる話がでてくるが、これは軍部の意向と関係があったのか、等々、人文社会科学にとっての興味深い論点が、いくつも現れる。

無論それは、湯川秀樹の戦後の非戦平和思想の意義をくつがえすものではなく、湯川秀樹でさえ「国策」に協力せざるをえなかった、当時の日本の科学技術・科学者と戦争・軍事研究の歴史的関係の具体的事実を示すものである。例えば湯川秀樹日記公開の直前に、1944年4月、共にノーベル物理学賞受賞者である湯川秀樹と朝永振一郎が、静岡県島田市の第二海軍技術廠牛尾実験所のマグネトロン爆弾開発に協力していた事実が、地元郷土史家による当時の記念写真発掘によりわかった、と報じられた。ただし関係者の証言によると、朝永は軍事研究に積極的だったが、湯川はしばしば会議を欠席して「戦争反対」の意志を示し、当時の物理学界の指導者・菊池正士大阪大学教授は「湯川はけしからん」と述べていたという[28]。

---

(22) 加藤哲郎・井川充雄編『原子力と冷戦——日本とアジアの原発導入』花伝社、2012年、加藤哲郎『日本の社会主義——原爆反対・原発推進の論理』岩波書店、2013年。
(23) 加藤哲郎『「飽食した悪魔」の戦後——731部隊と二木秀雄「政界ジープ」』花伝社、2017年。
(24) 京都大学基礎物理学研究所　湯川記念館資料室 https://www2.yukawa.kyoto-u.ac.jp/~yhal.oj/diary.html
(25) 『毎日新聞』2017年12月21日、など。https://mainichi.

jp/articles/20171222/k00/00m/040/105000c
(26) 『朝日新聞』1945年1月8日、加藤『日本の社会主義』106-107頁。山崎正勝『日本の核開発』績文堂、2011年、113-114頁。
(27) 日本兵器工業会『陸戦兵器総覧』図書出版社、1977年、549頁以下、中野明『東京大学第二工学部』祥伝社、2015年、69頁、参照。
(28) 『朝日新聞』静岡版2017年12月5日。

こうしたかたちで日本の大学史・学問史を振り返り、今日の大学改革や軍産学協同の意味を問うことは、社会科学の一つの責務ではないかと、私は考える。

　グローバル化が日本の社会科学に及ぼす反作用は、日本政府や文部科学省が強調する一方向のものではない。多次元で多領域の問題に関わるがゆえに、いくつもの問題設定と複合的な政策志向が可能になる。そこにはまた、欧米型ランキングに沿ってつくられた知の位階制を脱構築し、パラダイムシフトをもたらす新たな学問の潜在的可能性と、挑戦のチャンスがある。若い研究者が、目前で進行する大学改革を、新たな学問的挑戦機会として活用することを期待したい。

（2018年1月13日投稿、1月31日受理）

●査読論文

学生の倫理的消費の動向に関する
行動経済学的な視点からの一考察

―新たな消費者政策の可能性をめぐって―

法政大学大学院政策創造研究科教授

樋口　一清

法政大学大学院政策創造研究科博士課程

重山　紀子

1．問題の所在

　OECD（2010）などにより、消費者政策における行動経済学的アプローチの有用性が指摘されてから久しい。だが、我が国においては、経済学、とりわけ行動経済学の政策への適用は大きく立ち遅れている。振り込め詐欺の被害額は、約354億円（2016年）に及び[1]、国民全体の消費者被害総額の推計では、既支払額（信用供与を含む）約4.8兆円（2016年）という結果が得られている[2]。こうした消費者被害に関しては、近年、ようやく、我が国においても行動経済学的な視点からの調査分析の有効性が論ぜられるようになった[3]。

　他方、政府は、地球規模での社会的課題解決に向け、各国と足並みを揃え、消費者市民社会をめざし、その1つの政策として、倫理的消費の普及に取り組んでいる。

　「倫理的消費（エシカル消費）」の用語は、1990年代後半から用いられているが定義や概念として定まったものはない（玉置2014、三輪2014）。その示すものは、環境製品、フェアトレード製品、オーガニック製品、寄付つき商品の購買、児童労働や従業員の健康に配慮した製品の購買、被災地応援消費、地産地消、ボイコットなど多岐にわたる。このような様々な社会問題と消費のつながりを意識した消費、人々が共存を可能にする消費（豊田、2015）など、倫理的消費の用語の使い方は論者により多様であるが、いずれも、社会的課題の解決のために一定の役割を果たすものとなっていると考えられる。

　政府は、倫理的消費の普及のために、以下のような検討課題を掲げている。①若年層に取り入れやすい文化・雰囲気の醸成、②エシカル商品の開発・提供、認証ラベル等についての情報提供体制の構築、③エシカルラボ等、多様な主体による推進活動、④消費者・事業者・行政によるプラットフォームの構築、⑤学校への教材提供や教員研修の実施、⑥事業者への働き掛けなどである[4]。

　しかし、その内容をみると、スローガン的なものに止まっており、基礎となる消費者行動の調査研究はまだ十分ではない。そもそも消費行動は自由なものであり、何が倫理的かという判断は難しい。「倫理的消費」そのものを分野別に分類し、消費者の不利益を検討しつつ、政策の必要性や政策の対象、規制のレベルなどを検討・議論することが必要なように思われる。政策の内容は、政府が旗振りをしても、消費者や企業の行動を変えることが出来なければ、文字通り、政策が画餅に帰してしまうおそれもある。その意味では、政策の実効性を高めるには、行動経済学など、経済学的な実証研究の成果を政策に大胆に取り込んでいくことが不可欠であると考えられる。

　とりわけ、倫理的消費の推進は、本来、義務付けや規制にはなじみにくい分野の政策である。この分野では、消費者の行動上の特性をふまえ、経済学的な視点から適切な政策を立案することが重要であると考えられる。すなわち、行動経済学など、経済学的なアプローチの成果を倫理的消費などに関する消費者政策にどう生かすことができるのかを具体的に検討することが急務となっている。例えば、行動経済学で明らかにされたナッジ（Nudge＝注意や合図のために人の横腹を特にひ

（1）2016年振り込め詐欺発生状況（警察庁調べ）
（2）2016年消費者被害・トラブル額の推計結果（消費者庁2017年6月28日）
（3）国民生活センター、ウェブ版「国民生活」No.61

（2017）参照。
（4）消費者基本計画工程表109～110頁（2017年6月21日改定）

じでやさしく押したり、軽く突いたりすること）などの活用も考えられる。選択の自由を与えながらも多くの人にとって最善と思われる選択肢を後押しすべきであるという考え方である（大垣、2014）。もっとも、ナッジは、使い方次第では、政府の意図のもとに消費者を誘導するツールとなる可能性もあり、活用には十分な配慮が必要である。

こうした観点から、本研究では、政策に対して一定の距離感を保ちつつ、若い世代である学生を対象としたアンケート調査を通じて、倫理的消費について行動経済学の立場からその実態解明を試みるとともに、既に検討が始まった政策に対し、その消費者政策へのインプリケーションを検討することとしたい。

なお、「消費者」の定義は、「消費」同様に多義性を有し、学問分野や研究分野によって相違している（黒田、2013）。経営・マーケティング用語の「消費者」は、何らかの生活における目的や目標を達成するために、生産された商品や提供されるサービスを代金を支払って入手する個人、または、世帯、組織を指す（杉本、2012）。本稿における「消費者」は、事業者を除く個人で、経済的な消費活動を行っていない場合（例えば不買行動）なども含んでいる。

2. 本研究の進め方等

(1) 倫理的消費に関する先行研究

消費者行動論の統合モデルとしては、ハワード―シェス・モデル（消費者を刺激に対する反応体と捉えた購買者の意思決定プロセス）（1965）、ベットマン・モデル（消費者は積極的な情報処理を行うとした情報処理アプローチモデル）（1979）、エンゲル―コラット―ブラックウェル・モデル（消費者行動全体のプロセスを示す消費者意思決定過程モデル）（2001）、インターネットの購買に関するホフマン―ノバック・モデル（1996）などがある。判断と意思決定に関しては、カーネマン（1979）が心理学の研究をベースに、フレーミング効果の影響など、人間の選択がどんなときに経済合理性から逸脱するかについて明らかにしている。

豊田（2015）は、広瀬（1994）の環境配慮行動の2段階モデル（行動をするまでには、態度の形成段階と購入実行決定の段階の2段階がある）

を活用し、倫理的消費（責任ある消費）も、行動理論モデル分析の対象と成り得ること、各財（倫理的消費商品の種類）によって細かい要因については特徴が見られるとしている。

また、購入実行を決定する要素の1つであるコスト感については、玉置（2014）は、倫理的商品は、同種製品であれば高価格となるため、倫理的関心と価格との間でコンフリクトが起こること、価格は倫理的商品の購買に対する強い抑制要因となるが、社会的意識が高ければ倹約志向と倫理的消費とは関係ないことを明らかにした。多くのアンケート調査では、倫理的商品を購入する際の、通常商品との金額価格差の割合（どのくらい割高でも購入するか）について設問している。しかし、回答者の経済状況や、商品の種類、ベースの金額などによっては異なる回答が得られる可能性がある。また、実際に購入するかどうかは確認できていない。

倫理的消費を促進する要因としては、玉置（2015）は、単に消費者の社会的意識によって倫理的消費が行われているのではなく、消費者の持つ共感性（認知的共感性、情動的共感性）の高さが倫理的消費を促進していると指摘している。

しかしながら、これらの先行研究は、日本において倫理的消費が行われる要因、促進される要因についての分析としては、必ずしも十分なものとはなっていない。日本におけるソーシャル・コンシューマー（消費を通じて社会的課題の解決を図る消費者）の特徴を明らかにした大平（2015）が行ったのは、大震災半年後の状況を調査したインターネット・アンケートを活用した二次的分析である。震災後、消費者の社会的な意識が強まったことを確認する上では有用であるが、その後、人々の意識がどう変化しているのかが明確ではない。玉置（2014）、玉置（2015）は、いずれも奈良県生活協同組合の組合員を対象としたアンケート調査であるが、玉置自身も指摘している[5]ように、倫理的消費に熱意のある者が多いと考えられる生協の女性組合員を対象としたため、倫理的消費に懐疑的な層が過小評価されることも懸念される。

(2) リサーチ・クエスチョン

玉置（2014）、玉置（2015）では、共感性や、消費者のアイデンティティの形成[6]、倹約志向などの消費者の主観的な要因が倫理的消費を左右することを明らかにしている。本研究では、リサー

---

(5) 玉置（2014）44頁

チ・クエスチョン（RQ1）として、消費者が倫理的商品に対し割高な商品を購入する意欲（以下、「割高商品購入意欲」と略記）を有している場合、実際の商品選択の際に一貫した行動をとるとの仮説を立てた。また、こうした割高商品購買意欲が弱い場合には、フレーミング、ハーディングなどの認知バイアスが存在するとき、あるいは、ナッジが行われたとき、商品選択の際に影響を受けるとの仮説を立てた。

また、先にみたように、先行研究では倫理的消費に熱意を持っている人を対象としているが、本研究では、倫理的消費に積極的な対象者の集団ではなく、より現実の社会に近い集団で、かつ、年代のばらつきの少ない集団における、倫理的消費が行われる要因、促進される要因を明らかにしたいと考えた。倫理的消費の概念は、少なくとも現時点では十分浸透しておらず、こうした考え方に懐疑的ないし批判的な人々も多いと考えられる。対象者の態度（倫理的消費を行うべきという態度）が形成されていない場合、割高商品購入意欲や、商品選択に、どのような違いが出るのだろうか。そこで、RQ2として、態度が形成されていない場合は、割高商品購入意欲が低く、商品選択の際にも倫理的商品を選択しないという仮説を立てた。

さらに、倫理的消費に関する現在の状況を改善していくためには、教育の果たす役割は極めて大きいと考えられる。そこで、RQ3として、倫理的消費に関する教育が消費行動を強化するのではないかとの仮説を立てた。本研究では、これらの3つの仮説をふまえ、以下のような方法で調査を行った。

3. 調査方法

(1) 調査の概要

調査は、2017年5月及び11月の2回、大学生を対象に行い、両方のアンケートに回答した者についてパネルデータを作成した。

身近な大学生のみを対象としたアンケート調査による研究については、伝統的経済学の研究ではほとんど行われてこなかったが、実験経済学の領域では、チューリヒ大学の学生を対象に行われた「懲罰付き公共財ゲーム」に関する実験[7]が、その

後15カ国で行われ、普遍的な行動と、文化によって異なる行動が明らかにされている[8]。これをふまえ、アンケート調査でも、まず身近なグループを対象にして結果を調べることには意味がある（大垣、2014）とする考え方がある。本稿でも、この立場に立ち、まずは身近なグループで研究し、次第に範囲を広げていくことにした。

今回、対象を大学生とした理由としては、①先行研究の生協組合員等に比べて、倫理的消費に関してバイアスが少ないと見込まれること、②時系列の調査が可能なこと、③教育の成果が確認しやすいこと、④倫理的消費に関する本音を聞きやすいこと、⑤調査結果を直接、授業内容に反映できることなどの諸点である。

調査は、東京都内の私立大学の社会科学系の1年次生（経済学の受講者）を対象に実施した。対象学生は、標準的な経済学の入門レベルの受講者であり、「倫理的消費」や「行動経済学」を目的とした科目の受講者ではない。なお、5月の調査の前には、倫理的消費について特段の説明は行っていないが、11月の調査の前には、消費者庁の倫理的消費に関する政策ついて概略を説明している。

調査方法としては、アンケート質問票を配付し、その場で記入してもらい回収した。分析の対象としたのは、11月の調査に回答した202名分と、5月及び11月の調査両方に回答したパネルデータ146名分である。性別の内訳は、11月調査は男性105名、女性97名、パネルデータは男性70名、女性76名である。

(2) 倫理的消費（エシカル消費）の定義

前述したとおり、倫理的消費（エシカル消費）といっても幅広い。本研究では、大学生が日常的に購入する機会が多いと思われる復興支援商品、安全食品、フェアトレード商品を対象とした。

(3) 質問票の形式

大学生の消費の選択行動を分析するにあたっては、実際の購買活動を小遣い帳や家計簿によって確認することは難しい。そのため、選択式アンケートで、消費の場面を想定できる設問を準備し、商品選択行動（倫理的消費の対象となる個別商品と一般の商品の比較選択行動）を答えてもら

---

(6) 倫理的消費による消費者のアイデンティティ形成とは、「利他主義的な意識だけでなく、自己への関心（自分探しや自己の成長、個性の追求といった自己の存在価値の向上やその実感）を求める消費行動」

を指す（Bamett et al.（2005）、玉置（2014））。
(7) Fehr, Ernst; Gächter, Simon（2000）
(8) Benedikt Herrmann, Christian Thöni, Simon Gächter1（2008）

うという実験形式で行った。

割高商品購入意欲については、多くの調査と比較するため、率表示で選択肢を設定した。

消費行動を考える際には、商品購入における価値評価が重要なポイントである。最も影響が大きいものは、収入（金額、安定性、変動性、今後の収入増加への期待）である。そこで、大学生においては、収入またはお小遣いの代替指標として、住まいについての設問を加えた。年齢による影響、ライフスタイルの影響については、同じ学校の大学生なので、ほとんどないとみなした。必需品なのか、趣味嗜好品なのかによっても影響があるが、ここでは、日常必需品に設定した。また、消費を行う際の、とき、ところ、場合、相手によっても影響があるが、これについては、場所は同じ、必要に迫られて購入するという設定とした。

商品の価格については、率表示と額表示について、主婦に1割引を訴える際には、1万円以下では割引率表示のほうが効果的で（安くなった感じがより強い）、1〜3万円は同程度、それ以上だと割引額表示が効果的（安くなった感じがより強い）という調査結果がある（小嶋、1986）。しかし、倫理的消費の場合は、割引ではなく割高であり、割高を訴える率及び価格表示はあまり現実的ではない。また、昨今の大学生の1カ月の支出は自宅生は62,310円[9]、同じく下宿生は117,610円[10]である[11]。1万円台の復興支援商品やフェアトレード商品を選択させるのは、あまり日常的ではない。

そこで今回は、実際の商品選択の場面に近づけることを優先し、価格を百円単位または千円単位とし、日常的な買い物という設定として、どのような結果になるかを検討することとした。

倫理的消費への態度（自己評価）については、直接的に聞くと建前の回答になりやすいので、エシカルを謳った商品を買いたいか買いたくないか、その理由を聞くという形をとった。

その他、購入の際の表示チェックの設問を設定した[12]。

(4) 分析方法

RQ1に関しては、復興支援商品、安全食品、フェアトレード商品についての割高商品購買意欲によって、商品選択（通常商品かそれより高い倫理的商品）に違いが出るかを分析した。併せて、認知バイアスやナッジと関連するフレーミング効果、ハーディングの影響について検討した。

RQ2に関しては、対象者の態度（倫理的消費を行うべきという態度）の自己認識によって、割高商品購買意欲や商品選択（通常商品か、それより価格の高い倫理的商品か）に違いが出るかを分析した。

RQ3に関しては、割高商品購買意欲の時系列変化を2017年5月、2017年11月の同一対象への調査を通じて作成したパネルデータで分析した。

その他、利他的行動の典型である寄付の際の行動についても分析を行った。

4. 調査結果

(1) 割高商品購買意欲と商品選択

倫理的商品（復興支援商品、安全商品（商品情報表示等のパターンの異なる2種）、フェアトレード商品）の4パターンについて、割高商品購買意欲と商品選択の結果をみたところ、4パターンいずれも、価格差5％までの購買意欲の場合、倫理的商品を選択せず、10％まで、20％まで、50％までの場合については、倫理的商品を選択するという結果となった（表1）。なお価格差「倍以上」については、回答が少ないため、今回は分析対象としていない。

商品価格は、復興支援商品の場合は20％割高、安全商品の場合は25％割高、フェアトレード商品については20％割高に設定している。それにもかかわらず、割高商品購入意欲が10％まで、20％までのレベルの者についても、それ以上の割高な倫理的商品を選択するという結果となった。

これについては、率表示と額表示の影響もあるが、認知バイアス（フレーミング効果）による影響が考えられる。例えば、復興支援商品については「被災地の栗を使用」というフレーミング、安全食品については「無添加・無着色」というシンプルな表示、フェアトレード商品については、「途上国の生産者を支援しています」という具体的なイメージ表示によって、フレーミング効果があったのではないかと考えられる。ただし、それ以外の要因が存在する可能性もある。

---

(9) うち、食費は12,580円、教養娯楽費8,240円、日常費4,900円。

(10) うち、食費は24,770円、教養娯楽費8,800円、日常費5,810円。

(11) 「第52回学生生活実態調査結果」全国大学生活協同組合連合会（2016年）による。

(12) 文末にアンケート票を掲載している。

●査読論文

表1 価格と商品選択（調整済残差）

割高商品購入意欲 （通常商品との価格差）	復興支援商品	安全商品		フェアトレード商品
		A：積極表示	B：マイナス情報表示	
5％まで	−4.7	−3.3	−3.1	−3.0
10％まで	+1.9	+ .3	+1.0	+2.1
20％まで	+1.6	+3.1	+2.3	+1.1
50％まで	+2.3	+1.2	+ .9	+1.2
倍以上	+2.7	− .6	− .7	− .4
χ²検定	.000	.024	.021	.021

(2) 商品情報表示による違い（安全商品）

安全商品については、価格表示等のパターンの異なる2種で、行動の違いがあるかどうかを確認した。いずれも食品を設定し、Aパターンは安全商品であることを積極表示し（「無添加・無着色」）、Bパターンは「添加物・着色料使用」とマイナス情報を表示した。いずれか一方で安全商品を選択する場合は、もう一方でも安全食品を選択するかどうか、表示の影響があるかどうかを分析した。その結果、安全食品を選択する人はA、Bいずれのパターンでも安全商品を選択し、通常商品を選択する人はA、Bいずれのパターンでも通常商品を選択するという結果となり、表示（フレーミング）の影響はみられなかった。

なお、購入の際の企業情報（企業の安全、環境、CSRの情報）チェックをするかしないかによって、安全商品の選択に違いがあるかを分析すると、企業情報をチェックする場合は、Aパターン（安全情報の積極表示）において安全商品を選択するとの有意な結果が得られた。

(3) 販売状況による違い（フェアトレード商品）

フェアトレード商品については、販売の状況の異なる2パターンで、行動の違いがあるかどうかを検討した。いずれも食品を設定し、Cパターンは行列店と人気のないお店、Dパターンは同じ商品売り場とした。いずれか一方でフェアトレード食品を選択する場合は、もう一方でもフェアトレード食品を選択するかどうか、販売状況の影響があるかどうかを分析した。その結果、Cパターン、Dパターンで一貫してフェアトレード商品を選択するということは確認できなかった。Cパターンでは、「行列」（ハーディング）の影響が出た可能性が考えられる。

なお、性別による違いをみると、Cパターンでは男性がフェアトレード商品を選択し、Dパター

ンでは女性がフェアトレード商品を選択するという有意な結果が出た。後述するように、倫理的消費に積極的なのは女性であるが、Cパターンについては「行列」の影響を受けたという可能性が考えられる。

(4) 態度による違い

まず、倫理的消費を行うべきという態度（自己認識）によって、割高購入意欲が異なるかどうかを分析したところ、有意な差はみられなかった。つまり、倫理的消費への態度が形成されていない場合は、割高商品購入意欲が低いという結果は得られなかった。

次に、倫理的消費への態度が形成されていない場合は、倫理的商品を選択しないかどうかを分析したところ、下記のように、一部は選択しないが、一部では選択するという結果が得られた（表2）。それは倫理的商品を購入したいという態度が形成されている場合でも同様であった。

★倫理的消費への態度別にみた倫理的商品選択の特徴
・倫理的商品を購入したい：
　①安全商品Bパターンで安全商品を選択しない
　②フェアトレード商品Dパターンでフェアトレード商品を選択する
・愛用ブランドを代えたくない：
　①復興支援商品を選択する。
　②フェアトレード商品Cパターンでは行列店を選択する
・役に立っているか疑わしい：
　①フェアトレード商品Cパターンではフェアトレード商品を選択する
　②フェアトレード商品Dパターンではフェアトレード商品を選択する
・関心がない：
　①復興支援商品を選択しない
　②フェアトレード商品Dパターンでは通常商品を選択する

—13—

表2 態度と商品選択行動（χ²検定）

態度	復興支援商品	安全商品		フェアトレード商品	
		A：積極表示	B：マイナス情報表示	C	D
倫理的商品を購入したい（n＝25）	.642	.914	.011	.919	.028
直接寄付したほうがいい（n＝29）	.915	.921	.833	.609	.882
愛用ブランドを代えたくない（n＝27）	.003	.275	.455	.036	.606
役に立っているか疑わしい（n＝63）	.097	.640	.226	.002	.045
関心がない（n＝67）	.002	.106	.741	.170	.000
面倒くさい（n＝17）	.883	.893	.786	.816	.415

（注）下線網掛け部分は　＜0.05。

表3 割高商品購入意欲の変化

		復興支援商品価格差	フェアトレード商品価格差
2017. 11-2017. 5	負の順位	57[a]	55[a]
	正の順位	22[b]	28[b]
	同順位	67[c]	63[c]
	合計	146	146
漸近有意確率（両側）		.000	.012

a. 2017. 11 ＜ 2017. 5、b. 2017. 11 ＞ 2017. 5、c. 2017. 11 ＝ 2017. 5

このような選択結果については、消費者の限定合理性を示した可能性もあるし、その他の要因がある可能性もあるが、今回の調査だけでは、はっきりしたことはいえない。

なお、倫理的商品を購入したいという態度には女性が多いという有意な結果が出た。

(5) パネルデータを用いた教育効果に関する分析

教育（知識付与・情報提供[13]）の効果については、146人のパネルデータを使用した。復興支援商品及びフェアトレード商品の割高商品購入意欲の結果の時系列変化をみた。ノンパラメトリック検定のWilcoxonの符号付き順位検定をしたところ、いずれの商品にも有意な差がみられたが、方向性としては、いずれについても価格許容は狭く（例えば、5月調査：10％までなら購入する → 11月調査：5％までなら購入する）なっていた

（表3）。大学生のため、経済的な面も考慮し、住まい別の分析も行ったが、有意な差はみられなかった。

(6) お礼表示による寄付活動の違い

消費活動ではないが、寄付は、典型的な利他的行動といえる。しかし、寄付活動をするからといって、それがすべて利他的な動機によるものではなく、例えばお返しやお礼、賞賛や名誉を期待した行動もあるといわれている（川西、2016）。本研究では、同じ寄付をするにしても、お礼やお返しの表示によって、寄付箱選択に違いが現れるかどうかを分析した。

その結果、性別によって有意差がみられた。箱のみを選択するのは男性が多く、箱とお礼表示とシールを選択するのは、女性が多くなっている。

---

(13) 今回の調査では、5月の調査後、消費者庁の作成したパンフレット等を用いて、倫理的消費の概念、政

策としての取り組みの経緯などについて概略を説明した。

5. 調査結果のまとめ

(1) リサーチ・クエスチョン（RQ）1

リサーチ・クエスチョン（RQ）1としては、倫理的商品に対し割高商品購入意欲を有している場合、実際の商品選択の際に一貫した行動をとるとの仮説を立てた。また、割高商品購買意欲が弱いときは、商品選択の際に、認知バイアスやナッジの影響を受けるとの仮説を立てた。

分析したところ、20％あるいは25％割高な倫理的商品に対して、割高商品購入意欲5％までの場合は選択しない、10％まで、20％まで、50％までの場合は選択するという結果となった（「倍以上」については、回答数が少ないため、今回は検討しない）。10％まで、20％までの割高商品購入意欲にも関わらず、それよりも、より割高な倫理的商品を選択した要因としては、商品情報表示などの認知バイアスやナッジによる影響である可能性が高い。ただし今回調査の制約から、率表示と額表示の違いによる影響がどの程度かについては調べることができなかった。この点を含め、倫理的消費の場合（割高商品）の購買意欲の価格差調査のあり方については、今後さらに検討を深めたい。

また、ナッジに関連して、倫理的商品の購入ではないが、寄付におけるお礼表示やシールの影響としては、女性が影響を受けるという結果となった。シールの事例は、節電行動で領収書にスマイルマークを付けたところ、節電が進んだとのカリフォルニア州サンマルコスでの住民調査の事例（Wesley, et.（2007））と共通する状況とも考えられる。また、お礼やシールの選択が消費者自身のアイデンティティ形成という面で、利己的行動に当たると解釈することも可能である。利己的行動（自分の利益を最大化する）は、伝統的経済学からいえば当然のことであるが、目先の利益に目を奪われやすいというリスクがあると最近の研究では指摘されている（川西、2016）。一方、利他的行動の中にも利己的動機が混じるものだという考えに立てば、利他的な行動を求めたい場合は、お礼やお返しで工夫することが有効になる。昨今のクラウドファインディング、ふるさと納税の多くでは、このような工夫が見受けられる。

(2) リサーチ・クエスチョン（RQ）2

リサーチ・クエスチョン（RQ）2としては、倫理的消費への態度（倫理的消費を行うべきという態度）が形成されていない場合は、割高商品購入意欲が低く、商品選択の際にも倫理的商品を選択しないという仮説を立てた。

分析したところ、倫理的消費への態度が形成されていない場合は、割高商品購入意欲が低いという結果は得られなかった。

また、倫理的消費への態度が形成されていない場合は、倫理的商品を選択しないという結果は、一部で得られたが、一部では得られなかった。これは態度が形成されている場合でも同様であった。

この結果は、消費者の限定合理性を示した可能性もあるし、その他の要因がある可能性もある。また、倫理的消費への態度を形成するものとしては、他に測定できるものがある可能性がある。あるいはいくつかの指標によってグループ分けすることで、特性が明らかになることも考えられる。

以上のような結果をふまえ、今後の研究課題として、次のような内容を検討することとしたい。まず、調査の前提となる仮説としては、学生を対象としているので性別以外の主なデモグラフィクスによる特徴は表れないと考え、サイコグラフィックス、消費によるアイデンティティ形成、利他的選好等により、倫理的消費への態度が形成されると仮定することとしたい。具体的な調査項目としては、例えば、①社会的関心の度合い、②寄付、ボランティアなどのシビック・アクションの有無、③商品選択のスタイル（価格重視、品質重視等）、④購買後の行動（他人に見せる、薦める等）、⑤倫理的商品への賛意・商品の購買による課題解決の効果の確信の度合いなどが考えられる。これらの項目に関する学生への調査等を通じて、セグメントを明確にし、本調査における分析をさらに深めていくことができればと考えている。

(3) リサーチ・クエスチョン（RQ）3

リサーチ・クエスチョン（RQ）3としては、倫理的消費に関する教育（知識の付与、情報提供）が倫理的消費行動を強化するのではないかとの仮説を立て、時系列の変化によって、割高商品購入意欲が増加する、すなわち、購買価格差が高いほうに分布したかどうかを分析した。

その結果、いずれの倫理的商品についても有意な差がみられたが、仮説とは異なり、購買価格差が低いほうに分布した。

割高商品購入意欲については、（1）のように、5％より高いならば、自分で基準としていた価格差以上でも倫理的商品を購入する場合がある。また、（2）のように、倫理的消費への態度によって割高購入意欲が変わるという結果は得られなかっ

た。これらを考えると、倫理的消費行動が強化された結果を確認する指標としては、割高商品購入意欲が適切でないのかもしれない。どのような指標が適切か、今後の研究課題としたい。

6. 消費者政策へのインプリケーション

倫理的消費に関する政府の消費者政策の現状は、前述したように、主として、普及啓発を中心としている。今回の調査結果をふまえると、これらの施策の実施に当たっては、以下の諸点に留意する必要があると考えている。

第一は、倫理的消費に関する消費者の行動に認知バイアスが存在することを前提としたきめ細かな普及啓発活動の展開、多様な情報提供が求められるという点である。倫理的消費を普及するという観点からは、本調査で用いた「お礼の言葉」や「お礼のシール」という対応は、消費者へのナッジとしては、単純ではあるが、日常的で活用しやすい手法である。

その意味では、行政サイドからの認証やラベルによる情報提供制度の構築は、重要な意味を持つと考えられる。すでに、2017年1月には、ISOが、エシカルラベルの国際標準化作業をスタートさせており、グローバルな認証ラベルの枠組み作りの動向が注目される。

第二は、倫理的消費の概念が十分に成熟しているとは言い難い我が国の状況下では、抽象的な倫理的消費に関するキャンペーンよりも、震災対応、食品安全、途上国支援といった個別分野ごとの広報を優先させる方が効果的であることも今回の調査結果から窺われる。

今回の調査では、倫理的消費に懐疑的、否定的、無関心な態度を持つ学生が全体の9割弱を占めていた。ただ、懐疑的、否定的な態度を持つ学生も、ある場面では、倫理的消費を行おうとすることが読み取れる。前述の消費者庁の調査からも明らかなように、倫理的消費の概念は、いまだ人口に膾炙しているとは言い難い。個別分野で対応を強化しつつ、概念については国際的な動向をふまえてしっかりその内容を固め、定着させていくことが当面の課題であると考えられる。また、その際、前項で指摘した認証ラベル制度についても、倫理的消費に関する統一的なラベル制度に加え、個別分野ごとの既存の認証ラベル制度（例.エコマーク、国際フェアトレード認証、有機（オーガニック）認証など）を活用していくことも重要であると考えられる。

第三は、実証的な分析結果をふまえた学校における教育体制の整備である。倫理的消費の意味について、若い人々に深い理解を醸成していくためには、基礎的な研究とそれに基づく教材の開発や教員研修などが欠かせないと考えられる。消費者庁は、徳島で実施している消費者行政新未来創造プロジェクトにおいて、本年度から、徳島県生協の加入者を対象とした倫理的消費に関する行動経済学の実証プロジェクトを開始することとしている。しかしながら、倫理的消費に積極的とみられる生協加入者を対象とした調査だけでは、消費者教育のあり方を検討することは困難である。学生を対象とした行動経済学的な実証研究を通じて、消費者教育の効果を含め実態の適切な把握を行っていくべきであろう。とりわけ、前掲のように倫理的消費の概念や内容、効果等に懐疑的な学生が大半を占める現状では、通り一遍の広報素材の提供でなく、市場経済システムの中で、倫理的消費が果たす意味をしっかりと説明し、消費者の役割について学生と共に考えていくことが重要であると考える。幸い、今回の調査で、現状では、倫理的消費の概念・手法に、懐疑的な学生にも一定の効果が及ぶ可能性が示唆された。行政が特定の価値観を押し付けることのないよう留意しつつ、多様な消費者の状況に配慮した教材開発や教育法について早急な対応を図っていくことが求められている。

（参考）アンケート調査票（2017年11月実施、本調査関連設問の抜粋）

（問1、問3は2017年5月調査でも実施、問11は5月調査のみ実施）

問1. フェアトレード商品、通常のものと価格差がいくらまでなら買いますか。
　①5％、②10％、③20％、④50％、⑤通常価格の倍以上

問2. 無添加・無着色の食品、そうでないものと価格差がいくらまでなら買いますか。
　①5％、②10％、③20％、④50％、⑤通常価格の倍以上

問3. 東日本大震災、熊本震災などの復興支援の商品、そうでないものと価格差がいくらまでなら買いますか。
　①5％、②10％、③20％、④50％、⑤通常価格の倍以上

問4. あなたは学園祭で、被災地への寄付を1,000円したいと思っています。学園祭では3つのサークルが被災地支援を呼びかけていました。あなたは、どのサークルの寄付箱に寄付を入れますか。

A.「ただの寄付箱」、B.「お礼が表示してある寄付箱」、C.「お礼表示だけでなく、シールがもらえる寄付箱」

問5. あなたは、お昼を買いにコンビニに行きました。すると、お弁当が2つしか残っていませんでした。どちらもサケ弁当で、量はほぼ同じです。どちらを買いますか。

A.「今が旬！　鮭弁当400円」、B.「鮭弁当500円、無添加・無着色」

問6. あなたは、コーヒー100gを1,000円位で買ってきてねと頼まれました。街へ行くと、珈琲店は2軒ありました。A店では行列ができています。B店は商品が山積みになっていてお客さんがいません。あなたは、どちらの店で買い物をしますか。

A.「行列店のコーヒー1,000円」、B.「お客のいないフェアトレードコーヒー1,000円」

問7. あなたは、家族に栗饅頭を買おうと思います。栗饅頭は2種類ありました。大きさは同じです。あなたはどちらを買いますか。

A.「一番人気！栗饅頭1,000円」、B.「被災地の栗を使用、復興支援の栗饅頭1,200円」

問8. あなたは、おなかがすいたのでコンビニに行きました。すると、ミックスサンドが2つしか残っていませんでした。量はほぼ同じです。どちらを買いますか。

A.「おいしいミックスサンド400円、添加物・着色料使用」、B.「ミックスサンド500円」

問9. あなたは、チョコレートを買いに行きました。見かけは同じようですが、値段が少し違います。どちらを買いますか。

A.「詰め合わせ1,000円、消費者のために安く原料を調達しています」、B.「詰め合わせ1,200円、途上国の生産者を支援する商品です」

問10. エシカルを謳った商品をあまり買いたくないという方に伺います。買わない理由は何ですか（複数回答可）。

①直接、寄付する方が効果的、②現在愛用している商品（ブランド）を代えたくない、③エシカル消費が本当に役に立っているのか疑わしい、④エシカル（倫理的、社会的）消費に関心がない、⑤何となく面倒臭そうだから

問11. 商品購入に際して、安全や環境、CSRへの取組みなど、企業の情報開示事項や安全や環境、CSRなどの自己宣言を参考にしていますか。

①しばしば参考にしている、②時々参考にしている、③どちらとも言えない、④あまり参考にしていない、⑤全く参考にしていない

参考文献

A Tversky, D Kahneman（1974）"Judgment under uncertainty heuristics and biases"

Auger, Pat and Timothy M. Devinney（2007）"Do What Consumers Say Matter? The Misalignment of Preferences with Unconstrained Ethical Intentions" *Journal of Business Ethics* , Vol.76, No.4, pp. 361-383

Barnett, C., Paul Cloke, Nick Clarke, & Alice Malpass（2005）"Consuming Ethics: Articulating the Subjects and Spaces of Ethical Consumption" *Antipode*, Vol.37, No.1, pp.23-45

Boush. D. M, Friestad. M, Wright. P,（2009）*"Deception in the marketplace;The Psychology of Deceptive Persuasion and consumer Self-protection"* Taylor and Francis Group, LLC

Carrington, Michal J. and Benjamin A. Neville & Gregory J. Whitwella（2010）"Why Ethical Consumers Don't Walk Their Talk: Towards a Framework for Understanding the Gap Between the Ethical Purchase Intentions and Actual Buying Behaviour of Ethically Minded Consumers" *Journal of Business Ethics*, Vol.97, pp.139-158

Carrigan. M, Isabelle Szmigin & School, Joanne Wright（2004）"Shopping for a better world? An interpretive study of the potential for ethical consumption within the older market"*Journal of Consumer Marketing*, Vol.21, No.6, pp.401-417.

Donna L. Hoffman & Thomas P. Novak（1995）"Marketing in Hypermedia Computer: Mediated Environments" The Journal of Marketing, 1996

Kahneman, D., and A. Tversky（1979）"Prospect Theory: An Analysis of Decision under Risk", *Econometrica*, 47（1979）263-291

Oren Bar-Gill（2012）*"Seduction by Contract: Law Economics, and Psychology in Consumer Markets"* Oxford University Press

Russell Belk, and Devinney, Timothy & Eckhardt, Giana（2005）"Consumer Ethics Across Cultures"*Journal Consumption Markets &*

Culture. Vol.8, No.3, pp. 275–289

Shaw A. W.（1912）"Some Problems in Market Distribution"*The Quarterly Journal of Economics*, Vol. 26, No. 4, pp.703–765

Tversky, A., and D. Kahneman（1981）, The framing of decision and the psychology of choice, *Science*, 211, 453–458

Tversky, A., and D. Kahneman（1986）, Rational choice and the framing of decisions, *Journal of Business*, 59, 251–278

Wesley. S. P, J. M. Nolan, R. B. Cialdini, N. J, Goldstein and V. Griskevicius（2007）, "The Constructive, Destructive and Reconstructive Power of Social Norms" *Psychological Science*, Vol.18, No5, pp.429–434,

The Committee on Consumer Policy, OECD（2010）"*Consumer Policy Toolkit*" OECD

大垣昌夫・田中沙織（2014）『行動経済学』

大平修司、スタニスロスキースミレ、薗部靖史（2015）「日本におけるソーシャル・コンシューマーの発見―消費を通じた社会的課題解決の萌芽―」千葉商大論叢 第53巻第1号、59–77頁

黒田重雄（2013）「消費者行動とは」『わかりやすい消費者行動論』

小嶋外弘（1986）『価格の心理』

桜井健夫「消費者被害救済の実務における行動経済学的知見の応用」現代消費者法第33号、61–70頁

杉本徹雄（2012）「消費者行動とマーケティング」『新・消費者理解のための心理学』

ダニエル・カーネマン（2011）『ファスト＆スロー』

玉置了（2014）「倫理的消費におけるアイデンティテイ形成意識と節約意識の影響」日本商業学会『流通研究』第16巻第3号、25–48頁

玉置了（2015）「消費者の共感性が倫理的消費にもたらす影響」商経学叢第61巻第3号、181–194頁

豊田尚吾（2015）「責任ある消費者の消費意志決定と消費行動に関する構造分析」『日経広告研究所報』第49巻第1号、10–17頁

広瀬幸雄（1994）「環境配慮的行動の規定因について」社会心理学研究　第10巻第1号、pp.44–45

三輪昭子（2015）「アメリカにおけるエシカルという指標の動向」現代マネジメント学部

紀要　第3巻第2号、27–37頁

消費者庁、倫理的消費調査研究会報告書『倫理的消費調査研究会とりまとめ』2017年4月、消費者庁

全国大学生活協同組合連合会「第52回学生生活実態調査の概要報告」（2016年）（http://www.univcoop.or.jp/press/life/report.html）

（2017年12月8日投稿、2018年3月2日受理）

反転のイノベーション戦略

信州大学学術研究院社会科学系准教授

橋本　規之

1　分析の視角

1-1　新結合の構成

　往年の名ピアニスト、アルフレッド・コルトーは、レッスンを受ける生徒の短所を長所に変える名教師であったと言われる。凡庸な教師であれば生徒に短所の克服を求め、理解のある教師であれば生徒の長所をさらに伸ばそうと考えるだろう。欠点を美点に変えるというコルトーの教授法は、確かに異端のように思える。現実にこの教授法が実を結ぶためには、欠点が逆に美点と映るような価値基準を見出し、それに相応しい演奏法や楽曲の解釈力を身に着けさせることが肝心となろう。

　このコルトー流の教授法は、イノベーションの競争戦略を考える上でも示唆に富む。生徒の短所と長所は、競争戦略では弱みと強みということになるだろう。「強み」とは競争優位に貢献する要素のことである。これに対して、競争優位に貢献しない要素は「弱み」となる。いま「要素」と表現したが、この要素は製品・サービスから、それらを提供するのに必要な経営資源や組織能力までを含意している。

　この強みと弱みの観点から、イノベーションの競争戦略の特徴を整理してみると、次の四タイプに分類できる[1]。

　　（A）自社の強みをさらに強化する
　　（B）競合他社の強みを弱みに変える
　　（C）自社の弱みを強みに変える
　　（D）他社の強みを自社の強みとする

　これら四つのイノベーション戦略は相互に排他的なものではない。つまり同時に追求が可能である。詳しくは次節で検討しているが、（A）と（C）、（B）と（C）の組合せは、現実のケースにも見られる。つまり、（C）を行うことで、（A）や（B）の成果も得られるのである。冒頭で触れたコルトーの教授法の狙いもそこにあったのかもしれない。複合的な成果が得られる戦略ほど、持続的な競争優位につながる可能性が高いと言える。

　それゆえにここで注目するのは、（C）の自社の弱みを強みに変えるタイプのイノベーション戦略である。市場競争上の「弱み」を「強み」に変える新結合を、「反転のイノベーション」と呼ぶことにしたい[2]。ここでの新結合の定義は「経営資源、組織能力、活動、機能・サービス、顧客ニーズなどの各次元の構成要素の組合せの変化を通じて、新たな価値を生み出すこと」である。

　新結合の考えは、イノベーション概念の創始者であるシュンペーターのそれを踏まえている。シュンペーターは、新結合の内容を①新しい商品の創出、②新しい生産方法の開発、③新しい市場の開拓、④原材料の新しい供給源の獲得、⑤新しい組織の実現、という五つのタイプに分けていたが[3]、これは成果から見た分類と言える。

　一方で、この五つのタイプの新たな組合せもまた新結合であるとシュンペーターが考えたことは重要である[4]。単に成果が複数のタイプから構成されているというだけでなく、そこに新結合の組

---

(1)　（E）競合他社の弱みを自社の強みとする戦略は、（B）競合他社の強みを弱みに変える戦略と表裏の関係にあり、実質的には同一となるため、（B）の戦略に統合されている。

(2)　榊原（2012）では、リバース・イノベーション（reverse innovation）の日本語訳として「反転イノベーション」を用いている。リバース・イノベーションは、開発途上国の現実から着想するイノベーションである。事業活動の焦点が、従来の「先進国から新興国・後発国へ」という流れではなく、「新興国・後発国から先進国へ」という逆向きの流れに

なっていることから「リバース（反転）」と表現されている。
　これに対して、本稿における反転のイノベーション（inverse innovation）の「反転」とは、第一に、市場競争上の「弱み」の要素を「強み」の要素に変えるという意味である。第二に、この市場評価の反転は、後述する認識の視点と密接に関連していることから、「認識＝視点の反転」も含意されている。

(3)　Schumpeter（1926）；邦訳、182-183頁。

(4)　近能・高井（2010）3頁。

合せ方への視点が垣間見られるからである。

　新結合の要素と要素間の関係を現代的な文脈で考察したのは、青島・楠木（2008）である。そこではシステムの再定義という視角から、内部システムと外部システムの写像関係の変化として、新結合が捉えられている。内部システムは、製品の物理要素（物理層）と製品機能（機能層）の写像関係で表され、外部システムは、製品機能（機能層）と顧客ニーズ（価値層）の写像関係で示されている。新結合＝イノベーションは、写像関係の変化の程度に応じて、その強化を意味するリニア型、変化を意味する組換え型、そして内外のシステム境界の変化を意味するカテゴリー創出型の三タイプに分類されている[5]。

　本稿の新結合では、このような写像関係に基づいた枠組みを理論的根拠とする一方で、具体的な分析では直感的な理解を優先して、各要素を加法的に表現する方法を採用している。たとえば、次節で登場するデルのダイレクト・モデルは「直販制＋注文生産＋無在庫＋開発・生産の内部化」というかたちで新結合を表している。

　新結合が、経営資源等の要素の結合関係の再編であるならば、その総体である事業システムとの関係も検討しておく必要があるだろう。競争戦略として事業システム戦略を提示した加護野・井上（2004）では、事業システムを「経営資源を一定の仕組みでシステム化したものであり、どの活動を自社で担当するか、社外のさまざまな取引相手との間に、どのような関係を築くか、を選択し、分業の構造、インセンティブのシステム、情報、モノ、カネの流れの設計の結果として生み出されるシステム[6]」と定義している。

　事業システムは、ポーターの活動システム[7]を発展させたマルチレイヤー（多層）の階層構造を持つ。最上層に位置するのは顧客に認識される価値（価値システム層）である。中間層は価値を実現するための活動システムであり、最下層には様々な活動を支える経営資源システムがある。経営資源システム層は、さらに個別資源を統合する組織能力と個別の経営資源の二層に区分されている[8]。

　本稿で注目する新結合は、事業システムのコアに相当するが、この結合は各層内の要素にとどまらず、各層を縦断した結合も含んでいる。また、事業システムの外部にある要素と結合する場合もあるため、新結合の要素が全て新旧の事業システムの要素というわけではない。この点で事業システムとは異なる。新結合が起こるとき、既存の事業システムの構成要素の間では構成内容の変更が起こっている。この変更には、①既存要素の削除（不要化）、②新要素の追加、③要素間の新しい結合、という三つのパターンがあり、多くの場合、複合的に見られる。

　「強み」と「弱み」を梃子としたイノベーションの競争戦略において、新結合の前後で「弱み」が「強み」に転じるのであれば、構成要素の変化＝新結合の組合せ方が重要な問いとなる。言い換えると、新結合のパターンとプロセスに焦点を当てることで、イノベーションのダイナミズムを、結合される構成要素の単位から明らかにできるはずである。これが、二つある分析視角のうちの、第一のポイントである。

1-2　視点の反転と環境認識

　第二のポイントは、視点が反転するプロセスを捉えることである。「弱み」が「強み」に転じる重要な契機として、価値基準の大胆な転換＝視点の反転が見られる[9]。Xという評価基準の下では競争優位に貢献しない要素のため「弱み」と評価されるのに対して、Yという評価基準の下では競争優位に貢献する要素となるため「強み」と評価される。この別の視点に基づいた価値の反転現象は、個人や組織の環境認識と深い関係がある。

　経営組織の文脈に認識論を適用した組織認識論において重要なことは、経営資源をはじめとした各要素を実体的・絶対的にではなく、関係的・相対的に捉えることである。組織認識論の視角から企業の革新＝事業パラダイムの創造を論じたのは、加護野（1988）である。同書でまず強調されたのは、組織のメンバーは情報自体に反応するのではなく、情報の「意味」に反応するということである[10]。つまり解釈という行為＝認識が重要になる。

　加護野は、実務家の「日常の理論」を根拠づけるために、クーンのパラダイム論[11]を援用した。ここでのパラダイムとは、組織の認識の根本を規

---

(5) 青島・楠木（2008）60-67頁。
(6) 加護野・井上（2004）37頁。
(7) Porter（1998）；邦訳、76-90頁。
(8) 加護野・井上（2004）207-208頁。
(9) ここでは、既存の価値観とは真逆、あるいはそれに

準ずる認識に変化することを、広義の「反転」と捉えている。
(10) 加護野（1988）57-63頁。
(11) Kuhn（1962）.

定するメタファーの集合体のことである。メタ
ファーとは、「Xとは何々のようなものである」
という表現や観念である[12]。先に挙げたデルであ
れば、"ダイレクト"が、同社のPC直販ビジネス
の革新性を象徴するメタファーと言えるだろう。
組織の認識パラダイムは「自分たちを取り巻く世
界は何々のようなものだ」という基本的メタ
ファーで構成されている。それゆえ、多様なメタ
ファーの組合せを通じて、多様な認識の枠組みを
創造することが可能となる[13]。

しかし、パラダイムには認識する情報を選別す
る働きがあり、視野が限定される恐れがある。さ
らに認識のパラダイムが異なると用いるメタ
ファーも異なるために、パラダイム間の共通理解
は困難となる[14]。このために既存のパラダイムか
らの転換は容易ではない。シュンペーターは新結
合を阻害する一因に「思考習慣」を指摘してい
た[15]。この思考習慣は既存のパラダイムに相当す
る[16]。新しいパラダイムを創造するためには、行
為→情報→意味という認識のサイクルを流動化さ
せ、新しい情報と意味、すなわち新しいメタ
ファーを獲得する必要がある[17]。

自らの行為から新たな意味を得る能動的な環境
認識の論理を深く考察したのは、ワイク（1979）
である。ワイクは、組織メンバーが適応するのは
客観的な環境というよりも、自らが解釈した環境
であるとし、行動を通じた組織メンバーの主体的
な解釈の重要性を指摘した。自らによって解釈＝
再構築された環境は「イナクト（enact）された

環境」と呼ばれる。組織メンバーの行動を制約す
るのは、イナクトされた環境である。組織メン
バーが自らの行動を制約する環境認識を生み出す
点に、認識と環境の相互作用がある[18]。

イナクトされた環境は組織メンバーの行動を制
約するが、他方で新たなイナクトメントを起こす
ための素材を提供することも少なくない[19]。「視
点の反転」という認識パターンは、組織内に保持
されてきた「イナクトされた環境」を否定して、
解釈の多義性を生み出す局面において見られるこ
とがあるだろう。

また、イナクトメントという主体的で異質な環
境認識が起こるためには、活動経験の流れの中に
変化＝ギャップが生じていることが必要であ
る[20]。ギャップに注目することにより、「弱み」
を活かす気づきを得る。このように「視点の反
転」は、イナクトメントの一つのあり方としても
把握できるのではないかと考える。あるいは、多
様なイナクトメントが起こる中で淘汰＝選別の過
程を経て生き残った認識のパターンとして、「視
点の反転」を位置づけることもできよう。

環境に対する解釈の多義性は、組織メンバーの
コミュニケーションを通じて削減され、新たな意
味が共有され、保持されていく[21]。この認識の組
織化のプロセスは、視点の反転が新結合につなが
るための組織認識上の条件となる。これは、認識
面における組織能力と言え、組織の認識能力は組
織能力の重要な構成要素である。

組織メンバーが認識＝解釈する対象は、組織を

---

(12) メタファー（隠喩）の古典的な定義は「類似性に
基づく比喩」である。その基本機能は、未知の事柄
を既知の事柄で表現できることであり、わかりにく
いものをわかりやすいものに見立てて理解できるこ
とである。概念をイメージ化し、また異なる領域の
概念や意味を結びつける上で、メタファーを用いた
表現は効果的である。言語的な比喩表現として見た
場合、「〜のように」と類似を示す言葉を伴う比喩
はシミリー（直喩）と呼ばれ、類似を示す言葉を伴
わない比喩表現がメタファーになる。加護野は、シ
ミリーなどの比喩やアナロジー（類推：類似性に基
づく推論）も含めた広義の意味でメタファーを捉え
ている（102、130頁）。これは、メタファーを言葉
のレトリックというよりも、環境を解釈する認知的
な作用として理解する現代のメタファー観と整合的
である。認知的なメタファーでは、類似性は客観的
な属性というよりも、主観的な解釈に拠っている。
深い洞察を得るには、抽象度の高い（上位の目的
の）関係性の認識に基づいた発見的な類似性が重要
である（谷口、2003）。
(13) 加護野（1988）110、119頁。
(14) 加護野（1988）136-145頁。用いるメタファーが異

なるから、認識のパラダイムが異なると言ってもよ
い。人間の認識や思考過程にメタファーが本質的な
役割を果たしていることを明らかにして認知意味論
の分野を開拓したのは、レイコフとジョンソンであ
る。彼らは、メタファーで構成された概念が、説明
対象となる概念のある側面に人々の注意を向けさせ
る一方で、対象概念の他の側面に関心を払わなくさ
せる傾向があることを指摘している（Lakoff &
Johnson, 1980；邦訳、12頁）。一例として、議論を
"戦争"のメタファーで認識した場合、その戦闘的
な側面に意識が向くことで、協調的な側面を見落と
す弊害がある。組織認識論の文脈でワイクは、ビジ
ネスの世界での軍隊的なメタファーの多用が、組織
の柔軟性を失わせ、問題解決の選択肢を狭める可能
性があるとした（Weick, 1979；邦訳、65-67頁）。
(15) Schumpeter（1926）；邦訳、225-226頁。
(16) 加護野（1988）158-160頁。
(17) 加護野（1988）168-179頁。
(18) Weick（1979）；邦訳、213-219頁。
(19) Weick（1979）；邦訳、171-172頁。
(20) Weick（1979）；邦訳、169-170頁。
(21) Weick（1979）；邦訳、171-172頁。

取り巻く外部環境と組織の内部環境の両方である。しかし、解釈の主体は組織のメンバーだけではない。ユーザー、競合企業、地域社会、マスメディアなど外部環境と見なされているプレーヤーから当該組織もまた認識＝解釈の対象となる存在である。このような内外の認識の相互作用から価値観の逆転をもたらす視点が生じる場合もあるだろう。

戦略とは変化する環境に適応することである[22]。さらに高度の戦略は、与えられた環境に受動的に適応するのではなく、自らに適した環境を能動的に作り出すことである。組織メンバーの積極的な探索行為は、企業家的な発想や発見という環境の認識＝解釈と密接に結びついている。

戦略論の定番ツールの一つであるSWOTの枠組みを用いて、外部環境と内部環境の適合という観点から表現するならば、脅威（Threats）を機会（Opportunities）とし、弱み（Weaknesses）を強み（Strengths）に転じる組合せ＝新結合を実現するための認識＝解釈が肝要となるだろう。劇的な視点の転換は、このような環境条件のときに生じる可能性が高い[23]。逆説的だが、「弱み」に注目することの意味がここにあると言える。市場競争上の「弱み」の要素は、厳しい制約条件として働くことが少なくない。そして厳しい制約条件は、視点＝価値観の反転を促す原動力となり得るからである。

ここまで新結合の構成と視点を反転させた環境認識という二つの分析視角について検討してきた。この二つの視角から「視点の反転による新結合」のプロセスを捉えることが、本稿の課題である。次節以降では、具体的な事例分析を通じて、視点の反転と、「弱み」を「強み」に変える反転のイノベーションとの関係を考察してみたい。

2 先行事例に見られる反転の論理

2-1 イノベーションの競争戦略

本節では、先行研究で取り上げられてきた事例を中心にして、反転のイノベーションの論理を具体的に検討していきたい[24]。「強み」と「弱み」の観点からイノベーションの競争戦略は、次の四つのタイプに分類できた。

（A）自社の強みをさらに強化する
（B）競合他社の強みを弱みに変える
（C）自社の弱みを強みに変える
（D）他社の強みを自社の強みとする

トヨタ生産方式など生産工程の改善を中心としたイノベーションの多くは、自社の「強み」をさらに強化するタイプ（A）の戦略に該当する[25]。製品開発の観点では、コア技術戦略が典型となる。延岡（2006）では、コア技術戦略は「技術による強みを持続するための組織能力を構築し活用する技術経営[26]」と定義されている。具体的には、シャープの液晶に見られたように、強みと認識している技術を様々な製品・市場にスパイラル的に展開することによって、中核技術の競争優位を高めていく戦略である[27]。

競合他社の「強み」を「弱み」に変えるタイプ（B）の戦略の大きな特徴は、既存の有力企業の戦略から見たとき、（B）戦略との両立が困難な点である。戦略間のトレードオフの存在である。既存企業の補完的資産の価値を大幅に低下させるイノベーション戦略はその代表例である。補完的資産とは、「製品やサービスを生産するための設備や機械、それを売るための販売網、ユーザーの使用やメンテナンスを支援するサービス網などの補完的な機能[28]」を有する資産のことである。

パソコン市場に新規参入した際にデルが採用した直販制は、競合企業の「強み」を「弱み」に転じる戦略であった。既存企業にとって独自の流

---

(22) この場合の環境とは、主に外部環境が想定されていると思われるが、内部環境の変化に対する適応もまた、戦略的行為であろう。

(23) もっとも、SWOTのマトリクスは、認識のフレーム＝スキーマを固定化しがちであり、視点を反転させるようなダイナミックな発想を抑制する方向に働くだろう。

(24) 「弱み」や「強み」として注目している要素は、ビジネス全体の一部である。「弱み」や「強み」に該当する要素が複数存在する可能性は排除されていない。ここでは、反転のイノベーションの視角から、それに該当すると考える「弱み」と「強み」を取り上げていることに留意されたい。

(25) ジャスト・イン・タイムは、従来の生産の流れを

逆転させて、前工程は後工程に引き取られた分を補充生産すればよいとした生産革新である。また、工程間のバッファー在庫を置かないことは、伝統的な考えとは正反対であった（大野、1978、9-12頁）。このようにトヨタ生産方式を支える重要なイノベーションには、視点を反転させたアプローチがいくつも見られた。青島・楠木（2008、65頁）では、生産システムの境界を再定義したトヨタ生産方式は、カテゴリー創出型のイノベーションに位置づけられている。

(26) 延岡（2006）102頁。

(27) 延岡（2006）116-119頁。

(28) 一橋大学イノベーション研究センター編（2017）57頁。

通・販売店網や卸売業者との関係は、直販制への投資と矛盾するためである。逆に独自の流通・販売店網を持たず、卸売業者や量販店とのつながりもないデルにとっては、自社の「弱み」を「強み」に変える戦略でもあった。

創業者のマイケル・デル自身はこのような戦略を「柔道戦術」と呼んでいた。柔道の基本は、相手の力を利用して制することである。「柔道戦術」は、第一に競合他社の強みを弱みに変える戦術のことだが、第二に自社の弱みを強みに変える戦術の要素も含んでいた[29]。

この自社の「弱み」を「強み」に変えるタイプ（C）の戦略は、反転のイノベーション戦略の核心である。具体的な事例については、次項で詳しく見ていくが、反転のイノベーションを生む契機となるのは、視点の位置取りである。経営資源や組織能力の価値は、評価する視点によって異なり、変化するためである。さらに、この視点の反転を通じた複数の要素の新結合が難しいほど、競合企業の模倣を遅らせ、自社の競争優位を持続できる可能性が高まるはずである。

従来の価値基準では「弱み」（顧客の低評価）だが、新しい価値基準では「強み」（顧客の高評価）になるという観点から見ると、クリステンセンの分断的イノベーション[30]も、反転のイノベーションの一種と位置づけられるだろう。

自社の「弱み」を「強み」に変えるタイプ（C）の戦略と、競合他社の「強み」を「弱み」に変えるタイプ（B）の戦略は、同時に追求できるケースが少なくない。デルの柔道戦術、クリステンセンの分断的イノベーション、そして反転のイノベーション戦略。いずれにおいても持たざる者の優位を発揮して、既存の競合企業の事業と利益相反の程度が大きいイノベーションを起こすほど、相手の模倣を遅らせ、自社の競争優位を持続させる可能性が高まると言える。

最後、他社の「強み」を自社の「強み」とするタイプ（D）の戦略には、チェスブロウのオープン・イノベーション[31]や戦略的提携が該当する。（B）では競合他社と記した箇所を、（D）では単に他社と表記したのはこのためである。提携先は競合企業とは限らず、むしろ異業種の場合もあるだろう。

沼上（2006）で示された間接経営戦略は、反転のイノベーションの観点からも注目に値する競争戦略である。間接経営戦略とは「戦略家が様々なプレーヤーたちの「自然」に生み出す効果を意識的に利用して構築した戦略[32]」のことである。間接性の源泉は、「プレーヤーたちの行為がもたらす〈意図せざる結果〉[33]」である。

四タイプの分類から判断するならば、間接経営戦略は（B）と（D）の両方の要素を含む競争戦略と言える。つまり、他社の「弱み」や「強み」を自社の「強み」とする戦略である。同書では、マクドナルドとロッテリアの積極的なTV広告によるハンバーガー市場の拡大にただ乗りしたモスフードサービスの事例が取り上げられている[34]。資本力に劣るモスは、マクドナルドとロッテリアの広告競争の成果＝ハンバーガー市場の拡大の恩恵を受けることができた。高校生以上の年齢層を主なターゲット顧客としたモスは、マクドナルドとロッテリアによってハンバーガーを食べる習慣を身につけた子供の成長後のニーズを取り込むことができたのである。

他社と同じ舞台で競争しないだけでなく、他社間の競争の成果を利用する間接経営戦略は、"漁夫の利"戦略と言えよう。一方、市場との関係で見れば、間接経営戦略の要諦の一つは、市場の成長というよりも、顧客の成長を重視する点にあると考えられる。この時間軸へのまなざしは、次項で述べるデルの戦略の原点にもなっている。

2-2 反転のイノベーションの事例

表1には、反転のイノベーションとして7事例がまとめてある。（A）（B）（C）（D）の戦略タイプの要素を全て満たしたのが、（3）ジョンソン・エンド・ジョンソンの使い捨てコンタクトレンズ「アキュビュー」である。

（A）（B）（C）の各戦略タイプの要素を満たしたのは、（1）デルのダイレクト・モデル、（2）キヤノンの小型複写機「ミニコピア」、（6）ユニバーサル・スタジオ・ジャパンのイベント「ハロ

---

(29) Dell（1999）；邦訳、310-313頁。
(30) Christensen（2000）；邦訳、9-11頁。このイノベーションは、既存の技術進歩の軌道とは別の軌道上で発生し、成長軌道を切り替える性質のものである。この点を考慮して、原語のdisruptiveを「破壊的」ではなく、「分断的」と日本語に訳すことを支持しているため、ここでは分断的と表記する（高橋伸夫

編・東京大学ものづくり経営研究センター著、2005、96-97頁、近能・髙井、2010、120頁）。
(31) Chesbrough（2003）.
(32) 沼上（2006）52頁。
(33) 沼上（2006）48頁。
(34) 沼上（2006）53-59頁。

表1　反転のイノベーションの事例

製品・サービス・事業	発売年	（A）	（B）	（C）	（D）
（1）デル：ダイレクト・モデル	1984年	○	○	○	－
（2）キヤノン：小型複写機「ミニコピア」	1982年	○	○	○	－
（3）J&J：使い捨てコンタクトレンズ「アキュビュー」	1988年	○	○	○	○
（4）3Ｍ：付箋・メモ帳「ポスト・イット」	1980年	○	－	○	－
（5）プリンスホテル：大磯ロングビーチ	1957年	○	－	○	－
（6）USJ：イベント「ハロウィーン・ホラー・ナイト」	2011年	○	○	○	－
（7）常磐興産：スパリゾートハワイアンズ	1966年	○	－	○	－

出所）筆者作成。
注）1．（A）～（D）の項目は次の通り。
　　　　（A）：自社の強みをさらに強化する　　　（B）：競合他社の強みを弱みに変える
　　　　（C）：自社の弱みを強みに変える　　　　（D）：他社の強みを自社の強みとする
　　　2．○は該当を意味し、－は該当していないことを意味している。

ウィーン・ホラー・ナイト」の3事例である。

　（A）と（C）の要素を満たしたのは、（4）スリーエムの付箋・メモ帳「ポスト・イット」、（5）プリンスホテルの大磯ロングビーチ、（7）常磐興産のスパリゾートハワイアンズの3事例である。

　このうち（1）～（4）の事例に関しては、製品開発やイノベーションを論じた先行研究で詳しく検討されてきたものである。これらの優れた研究成果を援用しつつ、反転のイノベーションの視角からあらためて光を当てることにしたい。

（1）デル：ダイレクト・モデル

　1984年に創業したデルは[35]、PCの直接販売制を採用して成功を収めたビジネスモデル[36]で知られている。既存の競合企業にとって卸業者との関係や販売店網は直販制への投資と矛盾するため、すぐには追随できないからである[37]。しかし、直販制はデルのビジネスモデルの重要だが一要素に過ぎない。

　楠木（2010）は、デルの競争優位のクリティカル・コアは、「自社工場での組立て」にあると指摘する[38]。外部から組立工程のみに注目して判断すれば、自社工場での組立ては非合理に見える選択であり、模倣する競合企業は少ないだろう。しかし、デルの視点で事業システム全体から捉えた場合には、一本筋の通った選択と判断できるということである。

　在庫というバッファーを排した無在庫の生産はトヨタ生産方式と同じく、上流工程と下流工程の密接な調整が不可欠である。したがって、組立の工程を委託生産することは合理的ではない。つまり取引コストを考慮するならば、内製を選択することが総コストの節減につながっており、決して高コストの生産方式を採用しているわけではないことを意味する。

　また、生産工程を支える製品設計と組立に関する技術開発もアウトソースではなく、自社で行う判断をしている。生産技術の開発や生産プロセスの改善は、競争優位に直結するからである。

　顧客との関係では、ダイレクトのコンセプトで、エンドユーザーの視点に立つことがデルの基本方針であった。この姿勢は、注文生産でユーザーがパソコンを一定の自由度でカスタマイズできるようにした点にも表れている。

　まとめると、デルのビジネスモデルは、「直販制＋注文生産＋無在庫＋開発・生産の内部化」の新結合によって実現したと考えられる。

　しかし、直販制、注文生産、自社工場での組立て、直接サービス、サプライヤーとの密接な連携は、この事業モデルを構成する重要な要素だが、これらはダイレクトの理念を実現するための手段である。

---

(35) 2003年にデル・コンピュータからデルに社名を変更している。
(36) 事業システムとビジネスモデルに概念の違いを求める場合もあるが、ここではほぼ同じ意味で用いている。
(37) 一部の大口顧客に限定した直販は以前からコンピュータ業界でも行われていたが、デルの直販制の画期は、個人ユーザーを含めて全ての顧客に対して直接販売した点にある。
(38) 楠木（2010）330–335頁。

デルのダイレクトとは、"エンドユーザーに直接接する"という意味であり、ここから流通過程の短縮化＝卸売・小売の省略と、注文生産による製品・部品の無在庫の仕掛けが構築される。

したがって、"ダイレクト＝エンドユーザーに直に接する"という創業理念が、デルの競争優位の源泉であると考える[39]。もっとも、ダイレクトの理念を端的に示せるのが直販制であることも確かである。96年に開始したインターネット直販は、デルの競争力をさらに高めることにつながった[40]。

要するに、ダイレクト・モデルを成功へと導いたのは、エンドユーザーとは間接的な関係であるのが通念であった業界において、"エンドユーザーに直に接すべき"と視点を反転させた点が大きいと言える。

「当時の大手メーカーがすべて卸売業者・小売店を通じて販売するという考え方を採用したため、人々は、こうした間接的な流通経路が当たり前だと思い込んでしまったのである。

しかし、この方式は「何も知らない顧客」と「知識の乏しいショップ」という関係を前提にしている。私は、そんな関係は長続きするわけがないと見抜いていた。(中略) 1984年の時点でも「10年後には、もっと知識の豊かなパソコンユーザーが何百万人も誕生しているだろう」くらいは予測できた[41]」

ダイレクト・モデルの出発点となった企業家的認識をマイケル・デルはこのように述べている。市場の成長ではなく、顧客の成長を時間軸上で考えてみることの重要性を示唆する言葉である[42]。

(2) キヤノン：小型複写機「ミニコピア」

1982年に発売されたキヤノンの小型の普通紙複写機「ミニコピア」(「PC-10」と「PC-20」の二機種) は、小規模事業者や個人ユーザー向けの市場を開拓し、同社の複写機事業の競争力を高めた製品である。

この小型複写機の画期的な特徴は、新開発したカートリッジ方式の採用で、メンテナンス・フリーを実現したことである[43]。カートリッジ方式とは、現像器、帯電器、感光ドラムとトナー、クリーナーをボックスに全て収納し、トナーの使い切りとともにボックス自体を交換するというものである。故障の9割が感光ドラム周辺で生じていたことから、関連部品を一括して簡単に交換できる仕組みとしたのは合理的な措置と言える。

このカートリッジ方式という使い捨ての発想が生まれた背景に、信頼性と価格のトレードオフの問題があった点は注目に値する[44]。信頼性が高い(故障が少ない) 製品設計を志向すれば、コストの上昇は避けられない。しかし、主に個人ユーザー向けに販売される小型複写機では、従来製品の半額以下となる20〜30万円の販売価格とすることが先に決定されていた[45]。信頼性を確保しつつ、同時に価格に見合ったコストで製品を開発しなければならないという難題に開発チームは直面していたのである。この問題を解決へと導いたのが、主要部品をカートリッジに収めて使い捨てにするという逆転の発想であった[46]。

この結果、製品設計が簡素化でき、高い信頼性と費用の節減の両立を可能にした。耐久製品の修理ではなく、消耗品として寿命の見切りをつけた使い捨てを選択した点が「ミニコピア」における視点の反転である。この視点の反転は、複写機の利用とメンテナンスで収益を得るビジネスモデルから、消耗品から収益を得るビジネスモデルへの転換を意味した。

大胆な視点の転換が可能であったのは、結果的にキヤノンが大規模なサービス網に依存していなかったことと無関係ではないだろう。複写機事業では後発メーカーとなるキヤノンの「弱み」は、競合企業と比較して十分なサービス網を構築できていなかった点にある。従来の複写機ビジネスでは、サービス・エンジニアによる定期的なメンテナンス・サービスが前提とされ、企業にとって重要な収益源であった。このビジネスモデルの下では、すでに顧客別の綿密なサービス網を構築して

---

(39) 94年に撤退するまでの約4年間、小売経由での販売も行うなど戦略にブレが見られた時期もあった。しかし、正しい決断ができたのはダイレクトの創業理念を忘れていなかったからであろう (Dell, 1999；邦訳、131-132頁)。
(40) Dell (1999)；邦訳、312頁。
(41) Dell (1999)；邦訳、38頁。
(42) デルのビジネスモデルの全体像については、Holzner (2005) を参照されたい。

(43) 山之内 (1991) 349-351頁。
(44) Nonaka & Takeuchi (1995)；邦訳、213-218頁。
(45) 価格面では、50万円台から20万円台に引き下げるために、従来のコスト積算方式ではなく、売価逆算方式が採用された (寺本、1998、72頁)。
(46) このとき、トナーカートリッジの寿命は2000枚に設定された (Nonaka & Takeuchi, 1995；邦訳、216頁)。

いた先発の富士ゼロックスに有利であり、キヤノンは大企業や官公庁向けの大型高速機の市場では競争劣位であった。

しかし、70年代末には大型・中型機の需要が頭打ちになっていたことを認識していたキヤノンは新たに小規模事業者や個人ユーザー向けの市場を開拓することに着手したのである。メンテナンスが不要な複写機の開発は、十分なサービス網を確立していなかったキヤノンの「弱み」を「強み」にするイノベーション戦略となった。同時にこの戦略は、サービス網で優越していた富士ゼロックスなどの先発企業には追随しにくいものであり、最大の競合企業の「強み」を「弱み」へと変えることに成功したのである[47]。

複写機事業で開発されたカートリッジ技術は、既存のプリンター事業の強化にもつながった。レーザービーム・プリンタ事業でも新たに個人向けの市場を拡大するのに役立った[48]。また、消耗品ビジネスのコンセプトは、バブルジェットプリンタの製品開発にも生かされ、本体と消耗品を一体としたビジネスモデルが構築された[49]。

反転のイノベーションとしての「ミニコピア」の成果は、「小型化＋カートリッジ方式＋メンテナンス・フリー」という新結合によって、小規模事業者と個人ユーザー向けの複写機という新市場を創造したことである[50]。

（3）ジョンソン・エンド・ジョンソン：使い捨てコンタクトレンズ「アキュビュー」

ジョンソン・エンド・ジョンソン（以下、J&J）の「アキュビュー」は、使い捨てコンタクトレンズ市場でトップシェアを誇る製品である[51]。1988年にアメリカで誕生し、日本では91年から販売が開始された。現在のコンタクトレンズ市場の9割は使い捨てタイプである。

使い捨てコンタクトレンズの実現の決め手は、製造方法のイノベーションにあった。三種類あるコントタクトレンズの主な製造法のうち、モール

ディング法は、他の製法（レースカット法、スピンキャスト法）より加工精度は荒いが、生産コストが格段に安く、大量生産向けであった[52]。J&Jが採用したのは、モールディング法を改良したスタビライズド・ソフト・モールディング法（SSM法）である。もとはデンマークの小企業が開発した製造法だが、この技術を知ったJ&Jは直ちに行動を開始し、84年に権利を獲得している。

J&Jのコンタクトレンズ事業への進出は、81年にアメリカのコンタクトレンズメーカーを買収したときに始まる。買収後に社名をフロンティア・コンタクトレンズからビスタコンに改称し、J&Jのコンタクトレンズ事業部門を担当する子会社とした[53]。デンマークで開発された新技術の存在を知り、権利の取得に動いたのもビスタコンである。このようにJ&Jが新たな製造技術の情報を探知できたのは、既存のコンタクトレンズメーカーを買収して、社内にコンタクトレンズに関する知見を蓄積していたことが、第一の理由としてある。

J&Jが使い捨てタイプのコンタクトレンズに注目し、その将来性を確信できた第二の理由は、手術用のマスクや手袋など医療用ディスポーザル製品の事業を通じて、使い捨てのメリットを熟知していた点がある[54]。使い捨て医療製品ビジネスで培われた組織認識が、コンタクトレンズ業界の通念を反転させる決め手となったのである。コンタクトレンズの場合、使い捨てを選ぶことで加工精度や寿命という従来の価値基準で既存製品と競う必要はなくなる。逆に、清潔さや手軽さという新たな価値をユーザーに提供する製品戦略が可能となる。

使い捨てコンタクトレンズの事業化では、ビスタコンの既存製品のシェアが低かったことが、逆に功を奏した点も重要である[55]。長期間使用するタイプのコンタクトレンズ製品を主力事業としていなかった「弱み」が、むしろ「強み」として働くことになったと言える。これに対して既存事業

---

(47) 寺本（1998）73頁。
(48) 山之内（1991）354頁、寺本（1998）74-75頁。
(49) 榊原（2005）108-109頁。
(50) 顧客への訪問販売が中心となる複写機ビジネスでは、セールス人員数や代理店数も重要となる。この販売体制では、リコーがキヤノンや富士ゼロックスを圧倒していた。小型機の開発は、訪問販売から店頭販売へと販売チャネルの切り替えも意図されていた。82年の上市に際して、販売会社のキヤノン販売は約3000店（電気店、電卓店、カメラ店）と契約している。しかし実際には、店頭販売の対応のみ

では売上につながりにくかったことから、セールスマンによる顧客への訪問販売を補完的に必要とした。この問題は、キヤノン販売の各事業部（カメラ、事務機、光機）のチャネルの複合化（他事業部の主管製品も販売）を促すこととなった（石﨑、2012、108-109頁）。
(51) 2012年時点で日本におけるJ&Jの市場シェアは47.0％である（日経産業新聞編、2013、277頁）。
(52) 榊原（2005）197-198頁。
(53) Johnson & Johnson Vision Care Web Site.
(54) 榊原（2005）198頁。

の「強み」が逆に「弱み」となったのが、それまでアメリカ市場で首位の立場にいたボシュロムである[56]。ボシュロムも使い捨てコンタクトレンズの技術開発をJ&Jと競っていた。しかし結果的に、ボシュロムが後塵を拝することになった背景には、二つの理由が考えられる。一つには、既存製品とのカニバリゼーションを恐れたためである。いま一つには、ディスポーザル製品の事業経験に乏しかったことから「使い捨てる」というコンセプトに確信が持てなかったことである[57]。

キヤノンの「ミニコピア」と同様に、J&Jの「アキュビュー」においても、長く使用するという発想から、寿命の見切りをつけた消耗品として捉えるという視点の反転が、画期的な新結合を実現している。すなわち、「低コストの大量生産技術+ディスポーザル製品の知見+即納物流体制」という新たな組合せによって、世界のコンタクトレンズ市場で首位の立場を確立したのである。多品種の製品を生産し即納する体制は、J&Jの元来の「強み」であり、多様な製品を世界市場に迅速に投入することを可能にした[58]。

(4) 3M：付箋・メモ帳「ポスト・イット」

3Mの付箋・メモ帳「ポスト・イット」は、強力な接着剤（粘着性ポリマー）の開発に失敗したことから生まれたヒット商品である[59]。

1968年にスペンサー・シルバーが参加していた開発チームは、様々なポリマーを合成する過程で粘着的というよりも凝集的な性質を持つポリマーを偶然生み出す。このポリマーは、強力な接着力という評価基準から見れば質の低い接着剤であり、"簡単にはがせる"接着剤は「弱み」以外の何物でもなかった。しかし、粘着力ではなく、凝集力に注目するという視点の反転が、新結合への道を開くことになる。

接着剤の改良プログラム自体は目標未達のまま4年で終了したが、その後もシルバーは不思議な性質を持ったポリマーの用途の可能性を探索し続けた。72年にはこのポリマーの接着剤を塗布した掲示板を、鋲が不要なコルクボードのイメージで商品化したが、市場の反応は小さくヒット商品にはつながらなかった。

転機が訪れたのは、1974年に新たに結成されたベンチャー・チームにアート・フライが参加したときである。教会の聖歌隊メンバーであった彼は讃美歌集をめくっていたときしおりが滑り落ちたことで、しおりを固定する必要性を意識する。同時にシルバーが発見していた"簡単にはがせる"接着剤を塗布するアイデアを思いつく。シルバーの掲示板と比較して、フライのしおりのアイデアは、貼り付けられる側ではなく、貼り付ける側に接着剤を塗布するという点で、視点を反転させた認識であった。

この本格的な用途開発につながる経緯を、田中（1990）では、「解」（特殊なポリマー）が先に存在して、解くべき「問題」（しおりの固定）がその後に見つかるという、ゴミ箱モデルの意思決定の好例として指摘している[60]。ここで注意すべきは、特殊なポリマーとしおりの固定は、両者が出会うまでは「解」でも「問題」でもなかった点である。両者が出会うことで、特殊なポリマーは「解」となり、しおりの固定は解くべき「問題」となった。特殊なポリマーとしおりの固定という新結合の関係を認識することが重要である。

着想から2年余りの時間を費やして、フライは接着剤を紙に塗布するプロセスと製造装置を開発し、試作品を完成させる[61]。この段階でフライは、単なるしおりを固定させる用途を超えて、コミュニケーション・ツールのメモ帳として使えるのではないかと考えた。

しかし、試作品に対するマーケティング部門の評価は厳しかった。通常のメモ用紙の7〜10倍の高価格であるにもかかわらず、効用が明確ではなかったからである。「ポスト・イット」が市場で広く受け入れられるためには製品の価値を理解してもらう必要があった。既存の類似品はないため、実際の使用経験が重要であると考えたフライは、技術本部長のジェフ・ニコルソンの支援を受けて社内の秘書部門に試用を依頼し、好評を得る。社外を対象としたテスト・マーケティングで

---

(55) 1982年時点のアメリカでの市場シェアは、ビスタコンが2％、ボシュロムが40％である（古岡、2010、44頁）。

(56) ボシュロムは、1971年に世界で初めてソフトコンタクトレンズを企業化している。

(57) 古岡（2010）45頁。

(58) 古岡（2010）46-47頁。

(59) 製品開発の経緯は、3M（2002）；邦訳、38-40頁、3Mのウェブサイト、田中（1990）83-87頁、日本

に根付くグローバル企業研究会編（2005）183-187頁に拠る。

(60) 田中（1990）88-93頁。

(61) フライは、必要なときに貼りつき、用が済んだときにはきれいにはがせるように、接着剤の濃度の調整や改良を行った。また、板状の紙の一部に接着剤を塗布する技術が当時の3Mにはなかったため、フライはエンジニアの協力を得て製造装置を独自に製作している。

も最初に高い評価を得たのは、全米の優良企業に勤める秘書たちからであった。いずれも"簡単に貼ってはがせる"便利さを実際に体験したことが好結果につながっている[62]。接着剤の「弱み」が「強み」に転じたのである。「ポスト・イット」は、80年にアメリカで発売され、81年に日本を含む世界で発売された[63]。

このように見てくると、3Mの「ポスト・イットノート」による反転のイノベーションは、「粘着力の弱い接着剤＋しおり・メモ帳＋秘書のニーズ」という新結合によって実現したと言える。二人の研究員の発見や着想の結合だけでなく、製品の上市が認められ、実際に市場に受け入れられるための問題解決には、秘書のニーズとの結合が必要であった。

よく知られているように、3Mの研究員には就業時間の15％までを個人の自由な研究に使える権利が認められていた。シルバーもフライもこのルールを活用していた。二人の「ポスト・イット」の開発物語は、自由で主体的なイノベーションを尊重する3Mの組織文化を、企業の内外に向けてアピールする恰好の宣伝材料となっている。

（5）プリンスホテル：大磯ロングビーチ

大磯ロングビーチは、神奈川県大磯町に1957年に開業した海岸沿いの大型プール施設である。53年に営業を開始した大磯ロングビーチホテル（現・大磯プリンスホテル）に併設されており、事業の運営は同ホテルが行っている。

大磯ロングビーチは、西武鉄道グループを率いた堤義明の早稲田大学商学部の卒業論文（1957年3月）の構想を実現した事業として知られている。"海辺にプール"という異端の構想であったが、この事業コンセプトの妙は、「海は入るものではなく、観るものである」という視点の反転にあったと考えられる。

海水浴客が、海で泳ぐことよりも、浜辺で日焼けすることを重視するのであれば、水泳の機能と日焼けの機能は分離可能である。水泳の機能は大型プールで提供し、日焼けの機能はビーチの景観を提供することで、レクリエーション・サービスとして成立する。つまり、プールの遊泳＋海辺の日光浴という新結合で集客は可能と判断できる。

実際、大磯海岸の波は高く、遊泳禁止であった。このことは、海水浴場として見れば致命的な立地であり、大磯の「弱み」である。しかし、ビーチの開放性や情緒性は十分にあった[64]。

他方でプール事業として考えてみると、相模湾が一望できる海辺の景色は「強み」となる。都市部に立地するプール施設では高層ビルなど各種の建造物が視野に入り、リゾート気分を味わうことは難しいであろう。さらに、一直線の海岸線は、長大で見晴らしのよいプールの設営が可能になる。プール事業にとって更なる「強み」である。

大磯ロングビーチの成功は、東京から一時間というアクセスの良さに加えて、借景の妙と言える相模湾の眺望と海岸線の形状を活かして、大磯の「弱み」を「強み」に変えた新結合の結果である。すなわち、「相模湾の眺望＋一直線の海岸＋長大なプール＋海辺の日光浴」の新結合が、遊泳禁止の海に臨む大磯ロングビーチの開業を夏の風物詩に変えたのである[65]。

以上、五つの事例について先行研究を参照しつつ考察してきた。（6）ユニバーサル・スタジオ・ジャパン（以下、USJ）の「ハロウィーン・ホラー・ナイト」イベントと、（7）常磐興産のスパリゾートハワイアンズ事業については、両者をイノベーションの観点から取り上げた研究文献は、管見の限り見当たらない。一方、当事者や関係者による有益な文献は存在するため、これらの文献を手掛かりにして、次節と第4節では、残る二つの事例を詳しく検討してみたい。いずれも反転のイノベーションの好例を提供していると考える。

---

(62) 77年に四つの大都市を対象に行った市場テストの結果が不振であったことから、商品化の中止も検討されていた。しかし、このテスト結果が思わしくなかったのは宣伝とカタログによる調査方法のためであると考えた事業部担当副社長のジョー・レイミーは、翌78年に試供品を用いた市場テストをアイダホ州の州都ボイシ（ボイジー）で実施し、試した人の90％以上が購入の意思を示すという成果を得ている。

(63) 付箋サイズの「ポスト・イット」は、日本市場の開拓過程で誕生している。日本法人の住友スリーエ

ム（2014年に住友電気工業との合弁を解消。3Mの100％子会社となり、スリーエムジャパンに商号変更）の営業部門の人たちが現場での使用状況を観察する中で、メモ用紙サイズの「ポスト・イット」を切り分けて付箋として利用するケースが多いことに気づいたのがきっかけである。

(64) 宇多・村井・武中（1989）154頁。

(65) 芸能人の水泳大会などTV番組の撮影場所としてもよく利用されていたことから、マスメディアを通じた宣伝の影響も少なくないだろう。

3 事例分析Ⅰ:「ハロウィーン・ホラー・ナイト」

3-1 弱みから強みへ
(1) イベントの不振

2001年3月に大阪に開園したUSJは、日本のユー・エス・ジェイが運営するハリウッド映画をメイン・コンテンツとしたテーマパークである。アメリカのユニバーサル・グループから企画・建設・運営に関するライセンスを受けており、映画会社ユニバーサル・スタジオの事業部門の子会社ユニバーサル・パークス&リゾーツの管轄下にある。もっとも、近年は日本の運営会社であるユー・エス・ジェイが独自に開発したアトラクションやショーの比重も高まっており[66]、これらの実績は日本法人のコンテンツの開発能力の伸長を示すものと言える。開園10周年の2011年にパークに登場し、6年後の現在も集客に大きく貢献している「ハロウィーン・ホラー・ナイト」関連のアトラクションやショーは、その象徴的な事例である。ここでは、USJの起死回生の新企画である「ハロウィーン・ホラー・ナイト」について、1)「弱み」の同定、2)「強み」の同定、3)「弱み」が「強み」に転じる論理の同定、という反転のイノベーションを把握する方法に従って詳しく検討していきたい。

まず「弱み」の同定である。パフォーマンスの面では、2010年までのハロウィーン・イベントが赤字続きであったことが指摘できる。この時期までのハロウィーン・イベントは昼間を中心に開催され、内容もカーニバル風のパレードであった[67]。9月中旬から11月初旬までの開催期間で、例年7万人程度の集客にとどまっていた。数十万人を集客する夏期との格差は大きく、パレードに要した費用も回収できない状況であった[68]。

一方、経営資源の面で「弱み」に該当するのは、ゾンビである。従来からゾンビの遭遇イベントは開催されていたが、小規模であまり目立たない存在であった。当然、昼間のハロウィーン・イベントとの関連性は低い。一部のマニア向けに近いゾンビ遭遇イベントが入場者数の増加に貢献す

る程度は小さく、その意味でパーク全体から見ると、弱みと言える経営資源であった。

(2) 「強み」となる評価

しかし、量的な面では物足りないイベントであったが、その特殊メイク技術と演出の効果もあってゾンビの完成度は非常に高く、クオリティーの面では申し分がなかった。USJの母体に相当するユニバーサル・スタジオは、ホラー映画の草分け的存在である。したがって、不足していた量的側面を補うことができれば、質の高さを存分に発揮できる余地があったと言える。

実際パフォーマンスの面を見ると、「ハロウィーン・ホラー・ナイト」のイベントが導入された2011年の同シーズンの集客は2か月間で40万人を超えていた。これは当初目標とした14万人(従来の倍)を大きく上回っていた。翌年以降も来園者は増加し、2014年10月には146万人の集客を達成、翌15年10月には175万人と単月では過去最高を記録している[69]。もちろんこれらの集客数は「ハロウィーン・ホラー・ナイト」だけの成果ではないが、従来のハロウィーンのイベントの「弱み」が「強み」に転じたことは確かである。

それでは、「弱み」が「強み」に転じた論理とは何であろうか。

3-2 反転の論理
(1) ゾンビ&ハロウィーン・ブーム

市場のニーズやトレンドの面では、近年のゾンビ・ブームと90年代から広がりを見せていたコスプレ文化が交差するところに、今日のハロウィーン・イベントの盛り上がりがあるのではないかと考えている。図1は、2000年から2016年の期間を対象にして、新聞各紙の記事検索で「ハロウィーン」または「ハロウィン」の語でヒットした件数を示したものである。ここから、ハロウィーンが日本のマスメディアで注目を集めるようになってきたのは、2010年前後くらいであることが見て取れる。特に2015年以後の伸びが著しい。

---

(66) 森岡(2016a)172-174頁。
(67) 夜のイベントとしては、2008年から2010年まで「ハロウィーン・スペシャル・ナイト」が開催されている。各年10月の金曜日に実施され、最初の年は3夜、残りの年は5夜と限られた日程であった。また、イベントに参加するには専用チケットを購入する必要があった。後述するように、「ハロウィー

ン・ホラー・ナイト」の場合、専用チケットを購入する必要はなく、通常の入場券で参加できた。
(68) 森岡(2016a)62頁。
(69) 『日経MJ』2015年9月16日付。『日経産業新聞』2016年9月16日付。USJの年度別入場者数を見ても、2011年度からV字回復している(森岡・今西、2016、107頁)。

図1 新聞各紙の「ハロウィーン／ハロウィン」検索件数
（2000年～2016年）

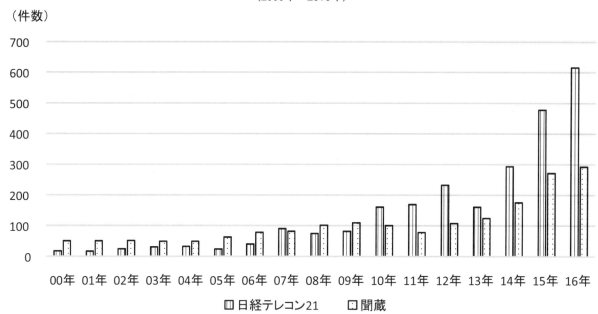

出所）日経テレコン21及び聞蔵の記事検索より筆者作成。
注）日経テレコン21は、日経四紙を中心とした新聞記事・企業情報のデータベースであり、聞蔵は、朝日新聞の記事データベースである。

図2 ゾンビ映画の公開本数の推移
（1930年代～2000年代）

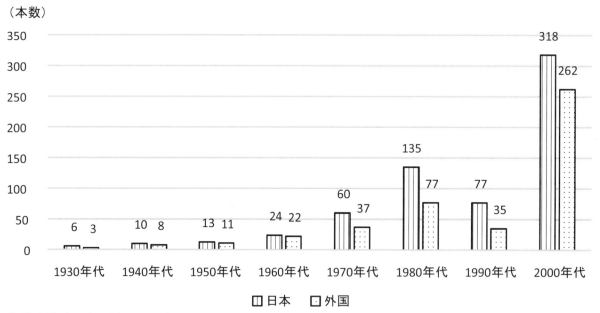

出所）岡本（2017）66頁。
注）公開本数のカウント方法等の詳細については、出所の文献を参照されたい。

●査読論文

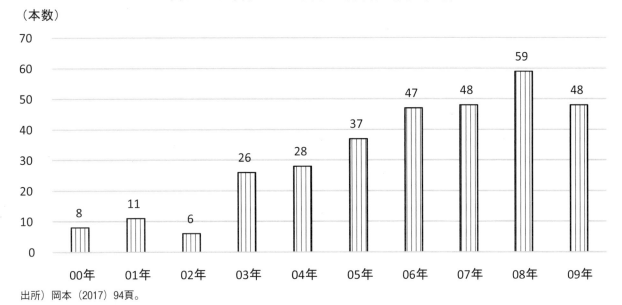

図3 2000年代のゾンビ映画の公開本数の推移（日本）

出所）岡本（2017）94頁。

　また、近年のゾンビ・ブームの動向を示唆しているのが、図2である[70]。ゾンビが登場する映画の公開本数の推移を見ると、1930年代から2000年代までの間に2回ゾンビ・ブームがあったことが確認できる。第一次のブームは1980年代であり、78年に公開された『ゾンビ』（原題：Dawn of the Dead、79年日本公開）の影響が大きい。ゾンビ映画の巨匠ジョージ・A・ロメロが監督し、以後のゾンビ映画のスタイルを決定づけた作品として知られる[71]。それは、人肉を食らう大量のゾンビと人類との間で生死をかけた戦いが繰り広げられるという終末的な世界観が基調となっている。この路線をサバイバル・ゲームのスタイルで推し進めたのが、2002年に公開された映画『バイオハザード』である[72]。2000年代の第二次ゾンビ・ブームを牽引した本作は、その後シリーズ作品が6作も公開されるほどの成功を収める。図3は2000年代の日本のゾンビ映画の公開数の推移を詳しく見たものだが、『バイオハザード』が公開された翌03年からゾンビ映画の公開本数が急増していることが確認できる。2000年代のブームは、80年代のそれの2倍を超える規模である。

　このような市場環境の下で、ハリウッド映画をコンテンツとしたテーマパークであるUSJで、ゾンビを全面に打ち出したハロウィーン・イベントが開催されたのであった。

（2）USJの戦略と企業家的発見

　「ハロウィーン・ホラー・ナイト」の考案者である森岡毅は、マーケティングに数理モデルを適用して10月期の来場者数に大きな伸び代を発見している。このモデルはガンマ・ポワソン・リーセンシー・モデルと呼ばれ、最近の購買データから消費者の購入頻度や各月の市場規模が予測でき、どの時期にどのアトラクションに経営資源を投入すべきかの判断材料を提供するものである[73]。

　この市場分析から9月から10月に若い女性層のレジャー需要が高まることに気づき、独身女性層をコアターゲットに選んでいる。彼女たちに提供する価値は、「思い切り叫んでストレスを発散できる」体験である。

---

(70) ゾンビが初めて映画に登場するのは1932年制作のアメリカ映画『ホワイト・ゾンビ』と言われる（日本公開は33年。公開時の邦題は『恐怖城』）。
(71) 岡本（2017）81頁。内容の深さの面では、監督デビュー作の『ナイト・オブ・ザ・リビングデッド』（1968年制作）の方が優れていると思われる。極限状況のドラマを冷徹に描き、人間に害をなすのは同じ人間であるというゾンビ映画の本質が簡潔に表現されている。また、各登場人物の判断や行動がことごとく裏目に出る様は、不条理劇の趣がある。ロメロの反転させた認識＝ストーリー展開の妙である。
(72) 映画の原作は、1996年にプレイステーション用のゲームソフトとしてカプコンから発売された『バイオハザード』である。
(73) 森岡（2016b）174頁、森岡・今西（2016）104頁。

表2 USJのハロウィーン・イベントの新戦略
（2011年）

コアターゲット	若い独身女性層
What	思い切り叫んでストレスを発散できる
How＝4P	
Product	ハロウィーン・ホラー・ナイト（ゾンビ遭遇イベント）
Price	無料（追加課金なし）
Place	パーク全域（一部エリアを除く）
Promotion	関西地区中心のCM広告

出所）森岡（2016b）175-179頁より筆者作成。

　森岡には前職でシンシナティに数年間滞在した経験があり、アメリカでのハロウィーン・パーティの楽しみ方を知っていたことがある。すなわち、ハロウィーンとは「日ごろは親が顔をしかめるようなことをいっぱいできる非日常、清く正しく堅実な日常の中では抑圧されたダークサイドを表に出すことが認められるお祭り[74]」であり、その主役はハイティーンより上の年齢層の人たちであった。

　このようなアメリカでのハロウィーン体験から森岡は「昼間の明るく楽しいパレードとは対照的な、夜のダークサイドな「コワ楽しい」体験で、ハロウィーン・シーズンに来場する消費者の理由は確実に強くなる[75]」と予想した。子供が楽しむイベントから大人が楽しむイベントへの視点の転換である。プロモーションもこの路線を踏襲し、関西地区を中心に「怖いけど面白い、楽しい！」のCM広告を行っている。

　そして、この「怖いけど面白い、楽しい！」を体験するための手段として選ばれたのが、ゾンビである。ハリウッド仕込みのリアルなゾンビの存在に森岡が気づいたのは、企画のアイデアを求めて過去に開催された自社のイベントの映像記録を見直していたときであった[76]。

　森岡（2016b）によれば、マーケティングの4P

に基づいて、「ハロウィーン・ホラー・ナイト」の企画は立案された。要点を表2に示したが、価格政策で無料（追加課金なし）を選択できたのは、既述の統計モデルを用いた需要予測から十分に費用をカバーできると判断したためである。14万人の集客目標に対して実際には40万人を超えていたのだから、リターンは予想を大きく上回ったであろう。

（3）新結合の論理

　適切なアプローチを採用することで10月期の来場者数を伸ばすことは、潜在的に可能であった。では、適切なアプローチとは何か。それは、おびただしい数のゾンビが徘徊する世界の「コワ楽しい」体験を若い女性層を中心とした来場者に提供することであった。イベントの舞台の時間を夜（18時以降）に設定したことは、ゾンビ体験の潜在ニーズに応える措置であったと言える[77]。これは秋の夜長を過ごすための新たな娯楽を生み出すことにつながる。パークの稼働率や利用状況の面からも、夏期と比べて日没の時刻が早まる秋期は、それだけ夜の時間帯の重要性が高まる。開催時間を昼から夜へと反転させたことが功を奏したのである[78]。

　ゾンビという良質の経営資源を最大限に活用する上で、イベントの主軸となる時間帯を昼から夜に移行させたことが、最も重要な視点の反転と言える。なぜならば、パーク全体にゾンビを解き放つことができるからである[79]。この視点の反転によって、新結合としての布置が実現する。すなわち、「ゾンビ遭遇イベント＋夜のテーマパーク＋ハロウィーン＋若い独身女性層のレジャー・ニーズ」という新たな結合である。ゾンビの質の高さをTPOの再設定と大規模化でアピールすることで、地味な小規模イベントから大々的な人気イベントに転換できたのである。

　この新結合の有利な点に、新たな設備投資が不要なことがある。2011年時点のUSJは、厳しい予算制約から追加の設備投資なしで、来場者の大幅増加につながる新企画を立ち上げる必要があっ

---

(74) 森岡（2016a）65頁。
(75) 森岡（2016a）67頁。
(76) 森岡（2016a）66頁。
(77) ここでゾンビ体験と記したのは、観客としてゾンビとの遭遇を体験するだけでなく、後述するゾンビに扮することによる積極的な参加者としての体験を含んでいるためである。
(78) ハロウィーンのシーズン中は、夜の時間帯のイベントだけでなく、昼の時間帯のイベントも開催され

ている。
(79) 前史の「ハロウィーン・スペシャル・ナイト」（2008年～2010年）では、限定されたエリアでゾンビが徘徊したが、主役は別のキャラクター（ビートルジュース）であり、イベントにおけるゾンビの存在感は概して希薄であった。しかし、2010年になるとゾンビへの注目度が高まっていることが確認できる（USJ「ニュース・リリース」2008年8月27日付、2009年8月20日付、2010年8月25日付）。

た。ゾンビという低コストの経営資源の活用は、その要請に応えるものであった[80]。ハロウィーン関連のイベント期間中はゾンビを演じるための臨時のアルバイトが採用されている。つまり、本質的な要素は人そのものではない。ゾンビに変装するために必要な特殊メイクや演出などの技術的要素の水準の高さが、ゾンビという良質の経営資源の核心なのである[81]。

（4）競合相手の強みを弱みに変える

この新結合は、競合相手の「強み」を「弱み」に変える性質も満たしていた。主な競合相手として、オリエンタルランドが運営する東京ディズニーリゾート（TDR）を想定するのであれば、TDRにはリアルなゾンビを用いたイベントは模倣困難である。否、そもそも模倣する動機はない。確かに健全な娯楽を提供するディズニーの世界にも悪役は存在する。ディズニーヴィランズである。しかし、おとぎ話の世界で求められる非現実的＝空想的な描写は、ハリウッド映画のリアルな描写とは相反するものである。

「ハロウィーン・ホラー・ナイト」は、子供やファミリー層ではなく、大人や大学生を主なターゲットとしている。したがって、USJの戦略は、相手の強みを弱みにする戦略の要素も兼ね備えていると言える。「弱み」とは、ディズニーの流儀に反するため模倣できない、あるいはそもそも模倣する意思がない、ということである[82]。

（5）強みの強化

従来は、9月初旬から11月初旬の期間で金曜日〜月曜日と祝日のみの開催であったが[83]、2015年には10月に限り全日開催となり、16年からは9月から全日開催されている。「夜のイベントが目的の来場客も多く、午後7〜8時に超満員になる日

もあった[84]」ためである。開催日数の大幅な増加は「ハロウィーン・ホラー・ナイト」が多数の集客を期待できるイベントとして定着してきたことを示しているだろう。

また、シーズン中は仮装姿で来場できるため、「ハロウィーン・ホラー・ナイト」は参加型の体験イベントの性格も備えている[85]。仮装パーティーの舞台をUSJが提供したと考えるならば、ゾンビはそのための呼び水として働いている[86]。主役は仮装を楽しむ来場者である。おびただしい数のゾンビが徘徊する世界の「コワ楽しい」体験に加えて、大人がハロウィーンの仮装を思う存分に楽しめる場を共有する機会を設けたことが、更なる人気と集客を可能にしたと言える。

2015年以降は、昼の時間帯のハロウィーン関連イベントを拡充し、子供を連れたファミリー層の集客にも力を入れている。昼間の親子連れと夕方以降の若い女性客という二つの主要ターゲットを時間帯で入れ替える戦略である[87]。

顧客の成長を時間軸上で考えてみることも有益である。2011年に開始してから6年が経過していることから、当初は子供で参加できなかった人たちが、夕方以降のイベントに参加できる年齢となり、リピーターとしてUSJの集客に貢献していると考えられる[88]。

4　事例分析Ⅱ：スパリゾートハワイアンズ

4-1　弱みから強みへ
（1）炭鉱から観光へ

スパリゾートハワイアンズは、1966年1月に常磐ハワイアンセンターの名で福島県いわき市に開業した温泉レジャー施設で、ハワイをテーマにした日本初のテーマパークである。90年3月には施設の拡充に合わせてスパリゾートハワイアンズに

---

(80) 映画においても一般的にゾンビ映画は低予算で制作が可能である。

(81) 人的要素よりも技術的要素の重要性を強調したが、このことは芸達者なゾンビが貴重な存在であることを否定するものではない。イベントが盛り上がるためにはゾンビの活躍が必要である。

(82) 森岡（2016a、242頁）では、過去最高の175万人の集客を記録した2015年10月期は、月間集客数ではじめて東京ディズニーランド（TDL）を上回ったという認識が示されている。USJの推計では、TDLの10月期の集客は多くても162万人とされたからである。TDLは単月の数字を公表していない。

(83) 「ハロウィーン・ホラー・ナイト」の導入初年度の2011年は、9月23日〜10月30日の期間で（金）〜（日）と祝日及び10月31日（月）のハロウィーンの

日に開催されている。開催曜日は2012年から（金）〜（月）に拡大されたが、同年10月31日（水）と翌13年10月31日（木）はハロウィーン当日であるため、イベントは開催されている。

(84) 『日経MJ』2015年9月16日付。

(85) 昼のイベントでは参加型の仮装パレードが2006年から実施されている。

(86) 事前に応募した参加者がゾンビに扮してマイケル・ジャクソンの『スリラー』の音楽に合わせて踊るイベントが2014年以降、10月31日に開催されている。ダンスの規模は2000〜3000人である。

(87) 『日経産業新聞』2016年9月16日付。

(88) ホラー関連の一部のアトラクションに年齢制限がある。18時以降のパークへの入場の年齢制限はないが、低年齢での参加は多くはないだろう。

表3　スパリゾートハワイアンズの沿革

1963年秋	常磐炭礦（株）、温泉を利用した娯楽施設の構想を発表
1964年9月	子会社の常磐湯本温泉観光（株）設立（社長・中村豊）
1965年4月	常磐音楽舞踊学院設立（理事長・中村豊）
1966年1月	常磐ハワイアンセンター（JHC）開業
1967年5月	中村豊、常磐興産取締役社長に就任
1970年7月	常磐炭礦、常磐興産に商号変更。常磐湯本温泉観光を吸収合併し、ハワイアン事業を承継
1973年1月	JHCの累計入場者数が1000万人に達する
1976年9月	常磐炭礦、全面閉山
1982年4月	TQC（全社的品質管理）導入。88年11月、デミング賞受賞
1988年3月	常磐自動車道開通。東京から2時間でアクセス可能
1990年3月	JHCの名称をスパリゾートハワイアンズ（SRH）に変更
2006年2月	累計入場者数が5000万人に達する
2006年9月	映画『フラガール』全国公開
2011年3月	東日本大震災の余震で施設が大きく損壊。SRH休業
2011年5月	ダンシングチームによる「フラガール全国きずなキャラバン」開始
2012年2月	全館営業再開
2013年8月	累計入場者数が6000万人に達する

出所）常磐興産のウェブサイトより筆者作成。

名称変更して今日にいたっている。採炭業から観光レジャー業へと事業構造の転換に成功した常磐興産（70年に常磐炭礦から商号変更）がハワイアンズ事業の運営会社である（表3[89]）。常磐炭礦は本州最大の採炭量を誇っていたが、主要なエネルギー源が石油へとシフトする中、石炭業の斜陽化に対応した炭鉱町の生き残り作戦として、温泉レジャー産業に進出したのであった[90]。

以前の石炭業と現在の温泉レジャー業を主力とした企業経営を通じて、反転のイノベーションの視角から「弱み」と位置づけられる経営資源は、二つあると考えられる。一つは、鉱山会社時代の「温泉」である。"灼熱の常磐炭礦"と呼ばれた採炭現場からは高温（70℃）の温泉が常に湧き出ていた。1トンの石炭を採掘するのに40トンの温泉を排出する必要があり、年間数億円の経費が生じていた[91]。

そしていま一つの「弱み」であったのは、温泉レジャー業に進出後の「フラダンサー」である。特に1980年代後半から90年代前半にかけてダンサーの数が不足し、ショーの水準の維持が困難になっていた。ダンサーの在籍数の推移を見ても、69年には最多の43名が在籍していたが、76年に30名を割り、80年に20名を下回り、88年には12名という最低水準に落ち込んでいた[92]。当時の地元いわきではフラダンサーの社会的評価は決して高くはなかったことも、ダンサーの募集にマイナスの影響を及ぼしていた[93]。さらにバブル景気後

(89) 常磐炭礦から常磐興産への商号変更の際、常磐ハワイアンセンターを運営していた子会社の常磐湯本温泉観光を吸収合併している。

(90) 当時の常磐炭礦の従業員は1万6000人。家族を含めると約6万人が炭鉱住宅などで共同生活をしていた（坂本、2015、277頁）。

(91) 清水（2015）13頁。『日本経済新聞』地方経済面東北、1984年3月24日付。

(92) 清水（2015）137頁。在籍数が12名の場合、非番の者を除くと、舞台に上がるのは8〜9名になる。しかし当時の舞台の広さで華やかさを保つためには、最低10名以上の出演が必要と判断されていた（池澤辰夫・安藤之裕監修、常磐興産株式会社スパリゾートハワイアンズ編、1990、193-194頁）。

(93) 社会的評価の低さを反映して「腰振りダンスの姉ちゃん」と揶揄されることも少なくなかった。

の93年に団体客が激減して集客に苦労していた時期には、自前の教育機関によるダンサーの育成が問題視された。フラダンスのショーは無料で提供される一方、ダンサーの養成には年間4億円もの経費がかかっていたためである。

このようにスパリゾートハワイアンズの場合、創業前と創業後にそれぞれ経営資源の「弱み」を抱えていた。しかし実際には、この二つの「弱み」は、不可欠かつ最大の「強み」として働くことになる。この点を詳しく見ていこう。

(2) 「強み」となる評価

最初は、大量に湧き出る高温の温泉問題である。確かに石炭の採掘時には負の資産であるが、それを温泉ビジネスに活用するのであれば、大きな正の資産となる。「日本のハワイ」というコンセプトで巨大な室内温泉施設が実現できたのも、天然の豊富な高温泉があればこそのことである。

一般に経営資源の価値は、無条件に決まる性質のものではなく、それを評価する文脈や視点によって価値の大きさは決定される。つまり経営資源の価値は、絶対的・実体的なものとしてあるのではなく、相対的・関係的な存在である。このことを端的に示したのが、常磐炭礦＝常磐興産の温泉である。高温泉という常磐炭礦の「弱み」は、常磐興産のハワイアン事業では「強み」に転じたのである。

パフォーマンスの面でも圧倒的な湯量は複数のハード（温浴施設）の新設を可能にし、集客に貢献してきた。最初の大規模なリニューアル投資は1990年3月であり、既存のハワイアンセンターを「遊び」をテーマとした「ウォーターパーク」に改装し、さらに水着で入る温浴施設「スプリングパーク」を新設した。続けて97年には世界最大の浴槽面積を誇る露天風呂「江戸情話　与市」を、99年には美と健康をテーマとした滞在型宿泊施設「ウイルポート」を、2001年にはハワイアン＆スパをテーマとした屋外温浴施設「スパガーデンパレオ」を新設し、10年ほどの間に相次いで大型の温浴施設をオープンさせている。広大な採炭跡地があればこそ、このような設備の拡張が可能であったと言える（表4）。

年間入場者数を見ると、最初のピークは、常磐

表4　規模の推移

(単位：m³)

	開業時 （1966年1月）	現在 （2012年12月）
敷地面積	330,000	330,000
建築面積	19,313	42,747
延べ面積	41,500	94,546
ビーチ面積	6,600	8,458

出所）坂本（2015）311頁。
注）東京ドームのグランド面積は13,000m³である。

ハワイアンセンター時代の1970年度である。炭鉱からの転業という話題性もあり、開業4年目のこの年に155万3000人を記録している。しかしその後の入場者数は減少傾向に転じ83年度には100万人を下回る状況が見られたが、おおむね80年代は100万人から110万人の水準で推移していた。88年度は常磐自動車道の開通で東京圏からのアクセスが容易となり、144万人（前年比33％増）を記録したが、翌年には127万人に減少している。90年度にはスパリゾートハワイアンズへのリニューアル効果で144万人に回復したが、バブル景気の終焉で90年代前半は減少傾向にあった。再び入場者数が増加に転じるのは、世界最大の露店風呂が新設された97年度である。これ以降、年間入場者数は毎年度増加を続け[94]、2005年度には151万1000人を記録し、35年ぶりに150万人超えを達成している。

一方、慢性的な人員不足で創業後の「弱み」と言えたフラダンサー（正式名称：スパリゾートハワイアンズ・ダンシングチーム）が「強み」として明確に認識されるようになったのは、創業期の実話を基に制作された映画『フラガール』（2006年9月全国公開）後である。同映画の大ヒットを機にフラダンサーの社会的評価が一変する。ダンサーの募集に苦慮していた状況から、全国から志願者が集まり、むしろ選考に苦慮するほどになった[95]。恥ずかしい職業からあこがれの職業へと変化したのである。フラダンサーの在籍数は2008年に34名（内新規採用6名）、12年に38名（同5名）と増加し、2014年には41名（同6名）の陣容を誇

---

(94) この間の入場者数の増加の一因として、宿泊客を対象とした無料のバス送迎がある。2000年に東京駅発着の運行を開始し、その後さいたま新都心駅、新宿駅、横浜駅等へ発着先を順次拡大した。「バス代は無料でも客足が減る平日に宿泊客を確保できる

効果は大きい。現地で使う飲食代や土産代など全体でみれば採算は合う」（佐久間博已取締役、『日本経済新聞』夕刊、2002年12月27日付）からである。
(95) カレイナニ早川（2017）158-160頁。

表5　フラダンサーの在籍数と新規採用者数の推移
（2008年度～2017年度）

年度	期生	在籍数	内新規
2008	44	34	6
2009	45	32	8
2010	46	29	0
2011	47	34	6
2012	48	38	5
2013	49	40	7
2014	50	41	6
2015	51	39	4
2016	52	35	4
2017	53	39	12

出所）常磐興産提供資料。
注）　1．在籍数は、新人ダンサーのデビュー時に広報発表
された数値である。デビューの時期は入学3か月後
の7月だが、47期生は震災の影響で10月となった。
2．期生は、常磐音楽舞踊学院の入学年度に基づいて
いる。

表6　スパリゾートハワイアンズの入場者数の推移
（2005年度～2016年度）

年度	入場者数（千名）
2005	1,511
2006	1,547
2007	1,611
2008	1,518
2009	1,487
2010	1,336
2011	374
2012	1,408
2013	1,507
2014	1,483
2015	1,473
2016	1,411

出所）常磐興産提供資料。
注）2011年度の入場者数は次のように東日本大震災の影響
を受けている。4月～9月：全館休館、10月～1月：部
分営業、2月～3月：全館営業再開

るまでになった（表5 [96]）。
　年間入場者数への効果を見ても、映画が公開さ
れた2006年度は154万7000人、2007年度には161
万1000人と過去最高の入場者数を達成している。
フラガールたちのダンスショーを観ることを目的
に訪れる人が増えたのである（表6）。
　もっとも、2008年度以降は、140万人から150
万人の水準で推移しており、映画公開が入場者数
の増加に与えた影響は限定的であったかもしれな
い。映画公開の主な影響は、フラダンサーの募集
状況と社会的評価の改善にあったと考えられる。
　これまで見てきたように、常磐炭礦の「温泉」
と常磐興産の「フラダンサー」という二つの「弱
み」は、スパリゾートハワイアンズ事業における
「強み」として評価を改めた。では、この二つの
経営資源の「弱み」が「強み」に転じた論理とは
何であろうか。

4-2　反転の論理
（1）市場ニーズとコンセプト

　豊富な湯量に注目したとき、温泉ビジネスを思
いつくのはありがちなことである。しかし、そこ
から東北に「日本のハワイ」を実現するという発
想は、やはり企業家的な飛躍であろう。発想者は
中村豊、当時の常磐炭礦副社長である。閉山後の
炭鉱関係者の雇用の受け皿となる新規事業のアイ
デアを求めて海外視察に出かけた中村は、「ホノ
ルル空港に降り立った瞬間、ハワイの暖かさと
"炭鉱の負の資源"である温泉がオーバーラップ
した」と語り、「青い空と海、そしてフラダン
ス、タヒチアンダンスのエンターテインメント
——日本人にも必ず受け入れられるはずだ[97]」と
確信する。
　市場のニーズや時代のトレンドの面でも1940
年代末から50年代にかけて日本ではハワイア
ン・ブームが起こっていた。都会のホテルやダン
スホールでは定期的に「ハワイアン・ナイト」が

──────────

⑼6　最適な在籍数はショーの構成に必要な人数から判
断されている。2010年度は在籍数が少ないにもか
かわらず新規の採用が行われていないのは、当時の
ショーに必要な人数が確保されていたことと、映画
公開による人気上昇で引退するダンサーが少ないと

予想されたためである。一方、2017年度に12名と
多くの人数が採用されたのは、2015年からプロジェ
クションマッピングが導入され、夜のショーの構成
が変化したためである。
⑼7　坂本（2015）279頁。

開催され、ハワイアン音楽が演奏された。ハワイの肯定的なイメージは『憧れのハワイ航路』（1948年発売）や『ハワイの若大将』（1963年公開）といった歌謡曲や映画を通しても広められた[98]。61年に始まった寿屋（現・サントリー）の「トリスを飲んでHawaiiへ行こう！」の販売キャンペーンは話題となり、当時の流行語にもなった。

日本のIMF八条国への移行にともない、64年4月には海外渡航が自由化され、その年だけで約3万5000人がハワイを訪れた[99]。当時の日本人の間でハワイは、一度は訪れてみたい夢の観光地であり、66年1月に開業した常磐ハワイアンセンターの「千円でハワイに行こう」という大衆路線のコンセプトは、市場のニーズに合致していた[100]。

（2）自前主義と一山一家

炭鉱とフラダンサーという種類が全く異なる存在を結合させた媒体は、温泉である。しかし、経営資源とはいえ、モノはモノに過ぎない。新たな結合を実現するのはヒトである。肝心なのは温泉という媒体とハワイという表象を結合した中村豊の企業家的発想力であり、関係者を説得しそれを具体化したリーダーシップである。

ハワイをテーマとした本格的なテーマパークを実現するためには、本格的なフラダンスのショーを開催する必要がある。このとき中村が採った方針は、フラダンサーを自前で育成することであった。常磐ハワイアンセンターの開業に先立つ65年4月にフラダンサーの社内育成機関である常盤音楽舞踊学院を設立し、理事長に就任している[101]。

しかし、炭鉱関係者からのフラダンサーの募集は容易ではなかった。「へそ出し踊り」「裸踊り」と揶揄され理解を得ることが困難であったとき、東京からプロのダンサーを連れてくればよいのではないかと意見する役員もいた。これに対して、中村は「炭鉱人の血を受け継いで、炭鉱の空気のなかで育ってきた人間が踊ることによって常磐炭礦の精神が生きることになる。よそからダンサーを連れてくることはあり得ない[102]」という姿勢を一貫して示していた。

こうして集めてきた1期生は18名で、内16名が炭鉱の娘であった[103]。学院生は常磐興産の社員として採用され、2年間の全寮生活を送った[104]。時間と費用をかけて社員ダンサーを養成したのは、「人の手は借りない。すべて自前でやる」という中村の経営方針に由来していたが、この「手作り」というのは炭鉱会社に見られた特徴でもあった。

常磐炭礦は、建設、土木、製造、輸送の各専門集団を有し、水、電気、機械・設備を自社で作る自己完結型の組織であった。また、炭鉱はガス爆発や落盤、出水など常に死と隣り合わせの職場で

---

(98) 矢口（2011）115-116頁。
(99) 1964年度の海外渡航者は約12万8000人であり、ハワイへの渡航者は全体の4分の1程度である。旅券申請時の目的別では、観光目的の海外渡航者は2割ほどになる。1960年代に入ると、業務目的でハワイを訪ねる会社員も増加した。もっとも、現地工場の視察を旅程に入れることで業務渡航の名目としたケースもあり、観光と業務の境界線は明確ではない。

海外旅行を促進するために、日本交通公社（現・JTB）は銀行と提携して海外旅行積立預金のキャンペーンを61年から開始していた。同社が提供するハワイの旅程には「ダイヤモンド・コース10日間」（38万6000円）と「アロハ・コース8日間」（36万3000円）の二種類が用意されていた。当時の一流企業の男性大卒者の初任給は月給2万円程度である（矢口、2011、125-129、143-144頁）。現在の物価水準に換算してハワイ観光には400万円ほどの旅費が必要であった。
(100) この大衆路線は需要拡大の意味で正解であったが、サービス業としての接客姿勢は「お客様は千円札。千円札に頭を下げろ」であり、「掘れば売れる」という炭鉱時代の生産者的発想を残していた。しかし、1970年代後半になるとハワイがより身近になり、施設も陳腐化してきた。このため設備のリ

ニューアルだけでなく、炭鉱時代の古い体質改善に着手する必要性を認識し、82年にTQC活動を開始した。顧客の満足度を測定して評価基準とし、目で見る管理を通じてPDCAサイクルを回すなどの各種活動の成果は、88年にサービス業として初のデミング賞の受賞に結びついた。このようにTQCへの取り組みを契機として、「お客様に感動を」を合言葉に、顧客第一、品質第一を志向する組織に転換できていたことも、観光レジャー業で競争優位の維持を可能にした組織能力面での要因と考えられる（池澤辰夫・安藤之裕監修、常磐興産株式会社スパリゾートハワイアンズ編、1990）。
(101) 常磐音楽舞踊学院は、福島県知事の認可を受けた各種学校であり、東北の宝塚音楽学校となることを企図していた。
(102) 清水（2015）110頁。
(103) 残りの2名のうち1名は福島市出身、1名は本社総務部社員で、初代ソロダンサーを務めたレイモミ豊田（小野恵美子）である。
(104) 中村の教育方針で、バレエ、フラダンス、タヒチアンダンスといった踊りの技術だけでなく、裁縫、茶道、礼儀作法などを教えていた。現在でも踊り以外の科目も教えることが、創設以来の学院の伝統となっている（清水、2015、33-34頁）。

あり、最悪の事態を防ぐためには、相互の信頼と協調が不可欠となる。常磐炭礦の経営理念であり組織文化である「一山一家」は、地域社会に密着した共存共栄の経営姿勢であり、互いに協力し、助け合って目的を成就することを重視していた[105]。

しかし、バブル景気の終焉で団体客が減少し、経営環境が厳しくなるにつれ、コストセンターと見なされていた学院の廃止を求める圧力が強まる。94年から95年のことである[106]。自前のダンサー養成を継続すべきかどうかで社内の意見は激しく対立したが、最終的には当時観光事業本部の副本部長であった斎藤一彦（2002年に社長就任）の決断により学院の存続が認められている[107]。「自前でダンサーを養成すれば年間4億円の経費がかかる。ハワイからダンサーを呼んでくれば1億円で済む。3億円の差はたしかに大きいが、その差こそが、お客さんを惹きつける[108]」というのが、斎藤の判断の根拠であった[109]。

短期的な視点でコストの節減を重視するのであれば、ダンサーの社内での養成を止め、市場からの調達を選択することが合理的な判断となる。しかし学院の廃止を寸前のところで思いとどまることができたのは、学院創設以来の指導者カレイナニ早川（早川和子）ら学院関係者の熱意に加えて、経営サイドも土壇場で「一山一家」の精神を忘れていなかったためであろう。常磐炭礦＝常磐興産の精神的支柱である「一山一家」は、合理化が徹底せず過剰雇用をもたらす側面はあるが、他

方で安易な人員整理を抑制する機能を果たしている[110]。

スパリゾートハワイアンズの成功に見られる常磐炭礦＝常磐興産は、単なる人員整理の意味でのリストラではなく、環境変化に対応して事業構造を転換するという真の意味でのリストラクチャリングを実践してきた組織である。学院廃止問題の局面では「弱み」と位置づけられていた学院生がやがて最大のソフト資源＝人的資源となる可能性を失わずに済んだことは、大きな意味がある[111]。

この場合の視点の位置で重要な点は短期的か、長期的かということではない。競合他社の模倣や追随を困難にさせる経営資源のコアは何かという視点が肝心である。この視点から見直すことで、社内で育成したフラダンサーが踊るポリネシアン・ショーこそがコアの経営資源である、という気づきが得られたのである。

まとめると、中村豊と斎藤一彦という二人の経営リーダーとフラダンスの指導者カレイナニ早川（早川和子）の存在が、地域ブランドのコアとなる「フラガール」という人的資本の形成・蓄積・維持を可能にしてきたと言える。スパリゾートハワイアンズは、日本で唯一本格的なポリネシアン・ショーが常時観られる場として独自の地位を確立したのである。その決め手となった、ハワイアンズのダンサーをフラガールへと変身させた映画化の影響を、項を改めて見ていくことにしたい。

---

(105) 坂本（2015）281-283頁。常磐ハワイアンセンターでは、基本的に炭鉱関係者を従業員として雇っていた。このため「父親がフロントマン、母親が客室係、息子が調理師、娘がフラダンサー」といった状況が珍しくなかった（清水、2015、17頁）。常磐ハワイアンセンターの設立は、炭鉱町という地域の社会関係資本を基盤とした経営資源の新結合と言える。
他方で「一山一家」の負の側面として、閉鎖的・排他的な傾向があることは否定できない。しかし「好むと好まざるとにかかわらず、地域で生きるしかない土着企業であった」（菊池勇・常磐興産取締役、『日本経済新聞』地方経済面東北、1984年3月24日付）という背水の陣としてのコミットメントが、炭鉱町の転業を可能にした原動力であることも確かであろう。
東日本大震災の被害で200日を超える長期休業を余儀なくされたときでも、スパリゾートハワイアンズでは、社員の解雇は1名も行われていない。むしろ休業期間を逆手にとって、社員のレベルアップのため、ハウステンボスなど同業他社への長期派遣（延べ70名）を実施していた（坂本、2015、307頁。

『日経産業新聞』2014年9月17日付）。
(106) 学院の廃止問題が現実に浮上した背景に、80年代末にフラダンサーの在籍数が最低水準に落ち込んでいたことがある。さらに、学院の最大の支持者であり、社内で天皇と呼ばれていた中村が87年に亡くなっていたことの影響も無視できないだろう。
(107) 清水（2015）133-134頁。
(108) カレイナニ早川（2017）145頁。
(109) 97年に学院の改革が行われ、卒業後は芸能社員として技能（7ランク）に応じた給与制度が導入されている（清水、2015、200-201頁）。
(110) 常磐興産は、事業の多角経営（分社化によるグループ企業経営）で炭鉱離職者の雇用の維持を図ってきた。
(111) もっとも、テーマパークとして定期的に施設を新設してきたことが利用者の拡大に寄与したのも確かである。映画『フラガール』で、自前で育成したダンサーたちによる本格的なポリネシアン・ショーが最大の強みとなる経営資源であることを改めて認識する以前は、むしろハード寄りの経営施策であった。

（3）映画とメディアの力

「温泉」と「フラダンサー」という二つの「弱み」を「強み」に変えたキーパーソンは、中村豊である。しかし、ハワイアンズのダンサーたちの社会的評価を一変させたのは、中村を主人公とした最初の企画案ではなく、フラダンスの関係者を主役に据えた案を採用した映画『フラガール』（2006年公開）の大ヒットであった[112]。

映画を製作・配給したのは、独立系の映画会社シネカノンである。プロデューサーの石原仁美は当初は中村豊を主人公にした物語を考えていたが、取材を重ねるうちに、女性が夢を実現する物語を描くべきだとしてフラダンサーを主役にした企画に変更している[113]。

二つの企画案とも扱う題材が、炭鉱から観光へという企業の事業転換の成功物語、炭鉱町の生き残り作戦であることには変わりはない。しかし、それをいかに魅力的に語るかという点で、主役を英雄的な社長から、炭鉱娘の踊り子たちへと視点を反転させたことが、映画成功の決定的要因となった。そのひたむきな情熱と健気さが、広く観る者の心を打つということだけでなく、フラダンサーの職業的魅力が、主人公たちと同じ10代後半から20代初めの女性層に強く訴求する仕上がりになっていたからである。

優れたメディア・コンテンツがTV放送などで繰り返し登場することの広告・宣伝効果は無視できない。映画『ローマの休日』（1953年制作。54年日本公開）の輝きが、都市ローマの観光人気を現在でも根強く支えているように[114]、作品の魅力が色あせない限り、映画『フラガール』の定期的な放映が、スパリゾートハワイアンズとフラガールの人気の持続に貢献するはずである。

メディアによる物語化の理解を深めるために、ここでは"イタコの誕生"を主題とした研究を参照してみたい。大道（2017）は、青森県下北半島のローカルな存在であった口寄せ巫女のイタコがメディアによって1960年代に全国的なブームとなり、大衆文化における心霊現象の典型としてのイタコ像が形作られる過程を分析している。

同書によると、もともと恐山の菩提寺とイタコの間には宗教的には何の関連性もなかった[115]。しかし、1950年代後半からイタコが新聞や雑誌で頻繁に取り上げられるようになると、霊場恐山の表象をイタコが利用するかたちで自らの価値を高める一方で、菩提寺の側もイタコの口寄せの商売を黙認することで参拝客数の増加につながるという互恵的な関係の強化が見られた。

恐山のイタコが注目を集めることになった背景には、高度成長時代に高揚した日本の伝統文化の再発見熱とその後のオカルト・ブームがあった[116]。メディアの影響力で「恐山のイタコ」は誕生したが、その表象が大衆文化として幅広く浸透するにつれ、霊場恐山と菩提寺の観光価値も高まったのである[117]。

恐山とイタコの関係を踏まえて、常磐炭礦とフラダンサーの関係を考えてみると、炭鉱はフラダンサーを必要とし、フラダンサーは炭鉱を必要とした関係であった。炭鉱娘が躍るフラダンスであればこそ、炭鉱町の転業の経緯が市場価値のある物語となる。創業時もマスコミに取り上げられたことで多くの来場者を得ていたが、映画『フラガール』の成功は、その比ではない。映画以前にはフラダンサーの定まった呼称はなく、「ハワイアンズの踊り子さん」などと呼ばれていたが、映画公開後は「フラガール」が正式な通称となる。"フラガールの誕生"は、メディアによる物語化の集客効果を最大限に享受するための経営施策と言えよう。

（4）小括

常磐炭礦＝常磐興産には、二つの「弱み」があった。したがって、「弱み」を「強み」に変える新結合のパターンも二つある。一つは、「広大な採掘跡地＋多数の炭鉱離職者＋豊富な温泉＋ハワイアン人気」という新たな組合せにより、石炭

---

(112) 観客動員数125万人、興行収入15億円、第30回日本アカデミー賞で最優秀作品賞を受賞している。

(113) 清水（2015）206-215頁。

(114) より正確には、映画に描かれたローマ市内での数々の場面が人気の観光スポットになっているという意味である。

(115) イタコの口寄せが見られるのは、毎年7月20日から24日まで行われる恐山の大祭の場である。イタコが大祭に関わり始めた時期は1920年代（大正末から昭和初期）というのが通説である（大道、2017、230頁）。

(116) 1960年代に入ると、メディアの関心は、恐山あるいは恐山の一部としてのイタコから、恐山のイタコそれ自体へと移っていった。この結果、恐山は「死者に会える山」から「イタコを通じて死者に会える山」に変容した（大道、2017、151頁）。

(117) 2000年代に入ってもイタコを観光資源として利用する取り組みが見られる。一例として、公益社団法人八戸観光コンベンション協会は、2009年から観光客の誘致促進のため「イタコの口寄せ」イベントをはちのへ総合観光プラザで開催している（大道、2017、346-354頁）。

業から観光レジャー業への転換に成功したことである。いま一つは、「創業実話＋フラダンサー＋ヒット映画」という新結合により「フラガール」が誕生し、ハードからソフトへと顧客への訴求点がシフトできたことである。

リピーターの獲得には、ハードの定期的な更新に加えて、ソフトの定期的な更新が重要である[118]。資金や立地の制約からハードの拡充が次第に難しくなりがちであるのに対して、ソフトは創意工夫次第と言える。したがって、ソフトは自前でなければならない。市場で時間をかけずに自由に調達できるようなソフトでは独自性はなく、競争優位にはつながらないであろう。

5. 結論

競争優位に貢献する要素を「強み」、貢献しない要素を「弱み」と判断し、この「強み」と「弱み」の観点からイノベーションの競争戦略のあり方を検討してきた。本稿で特に注目してきた戦略は、「弱み」を「強み」に変える新結合＝反転のイノベーションであった。

反転のイノベーションは、自社の弱みを強みに変えるだけでなく、強みをさらに強化したり、競合企業の強みを弱みに転じたりすることが同時に追求可能な戦略である。このような複合的な成果が期待できるイノベーションを実現するためには、視点の反転と新結合の構成という二つの視角からアプローチすることが有効であった。最初の視点の反転を、要素の評価との関連で述べるならば、次の三つのポイントが指摘できる。

第一に、「強み」と「弱み」は、要素（製品・サービス、経営資源、組織能力など）の固有の属性ではないと理解することが肝心である。認識論で言えば、「強み」と「弱み」は実体的・絶対的ではなく、関係的・相対的である。したがって価値観や評価基準が異なれば、あるいは要素間の結合のあり方が異なれば、競争優位への貢献度は変わり、要素の評価も変わってくる。

第二に重要な点は、反転のイノベーションと視点の反転との関連性である。競争上の「弱み」の要素を「強み」に変えることと、視点を反転させることは同じではない。しかし、反転のイノベーションを起こすためには、視点の反転＝価値観の

反転が必要となることが少なくない（表7）。

たとえば、顧客との直接的関係を志向したデルのダイレクト・モデルは、ユーザーを無知な消費者とは見なさず、学習する者として理解していたから誕生したものである。キヤノンの小型複写機やJ&Jの使い捨てコンタクトレンズでは、製品を耐久品ではなく消耗品と捉えることが必要であった。海辺のプールを構想した堤義明にとって、海は泳ぐものではなく観るものであった。

この逆さにした認識＝価値観は、どのようなときに生まれるのであろうか。第三のポイントは、視点の反転が起こる条件である。ギャップに注目したイナクトメントとして、あるいは「イナクトされた環境」の否定として、視点の反転が起こるとき、そこには現実に対する強い違和感や疑問がある。また、厳しい制約の存在が観察される。

マイケル・デルの場合、コンピュータの価格は部品の合計額（600ドル）の5倍（3000ドル）もするのはなぜかと思ったことが、ダイレクト・モデルを着想したきっかけである[119]。キヤノンの開発チームは、信頼性とコストの厳しい制約条件の下に置かれていたことが、トレードオフを両立させるカートリッジ方式を生み出す圧力となった。USJの森岡毅は、設備投資なしで集客が多く期待できる企画を求められていたために、高品質だが低予算の資源であるゾンビに注目することで、昼間の健全な娯楽を夜のダークなイベントへと反転できた。脅威を機会とし、弱みを強みに転じる組合せ＝新結合を生み出す認識＝解釈は、企業家的な発想や発見の最たるものである。

しかし内外の環境が厳しい状況のとき、視点の反転が不適切に起こる場合もある。デルは90年代前半に小売経由の販売も手掛けたが、4年で直販制に回帰した。常磐興産はダンサーの社内養成の廃止を検討したことがある。このとき創業理念（デルのダイレクト）や組織文化（常磐興産の一山一家）が、視点が不適切な方向に転じたとき、正しい方向に戻す役割を果たしていた。創業理念や組織文化には組織認識のパラダイムとして視点を定める機能がある。この定位の機能は、視点のブレを修正するのに役立つが、他方で視点を過度に固定化する逆機能として働く可能性もある。

このように視点の位置取りは極めて重要だが、視点を反転させただけでは競争優位とはならない

---

(118) 2000年代のスパリゾートハワイアンズの客全体に占めるリピーター率は、85％～90％である（『日本経済新聞』地方経済面、2002年10月26日付。同

2007年11月6日付。『日経産業新聞』2003年8月1日付）。

(119) Dell（1999）：邦訳、32-33頁。

●査読論文

表7 視点の反転

製品・サービス・事業	視点の反転
（1）デル：ダイレクト・モデル	間接的な顧客関係から直接的な顧客関係へ
（2）キヤノン：小型複写機「ミニコピア」	耐久品から消耗品へ
（3）J&J：使い捨てコンタクトレンズ「アキュビュー」	耐久品から消耗品へ
（4）3M：付箋・メモ帳「ポスト・イット」	粘着力（貼る）から凝集力（はがす）へ
（5）プリンスホテル：大磯ロングビーチ	泳ぐ海から観る海へ
（6）USJ：イベント「ハロウィーン・ホラー・ナイト」	昼（子供）のイベントから夜（大人）のイベントへ
（7）常磐興産：スパリゾートハワイアンズ	①採炭業から温泉レジャー業へ ②映画の主人公を英雄的な社長から炭鉱娘へ

出所）筆者作成。

表8 新結合の構成

製品・サービス・事業	新結合の構成
（1）デル：ダイレクト・モデル	直販制＋注文生産＋無在庫＋開発・生産の内部化
（2）キヤノン：小型複写機「ミニコピア」	小型化＋カートリッジ方式＋メンテナンス・フリー
（3）J&J：使い捨てコンタクトレンズ「アキュビュー」	低コストの大量生産技術＋ディスポーザル製品の知見＋即納物流体制
（4）3M：付箋・メモ帳「ポスト・イット」	粘着力の弱い接着剤＋しおり・メモ帳＋秘書のニーズ
（5）プリンスホテル：大磯ロングビーチ	相模湾の眺望＋一直線の海岸＋長大なプール＋海辺の日光浴
（6）USJ：イベント「ハロウィーン・ホラー・ナイト」	ゾンビ遭遇イベント＋夜のテーマパーク＋ハロウィーン＋若い独身女性層のレジャー・ニーズ
（7）常磐興産：スパリゾートハワイアンズ	①広大な採掘跡地＋多数の炭鉱離職者＋豊富な温泉＋ハワイアン人気 ②創業実話＋フラダンサー＋ヒット映画

出所）筆者作成。

ことも確かである。それを可能にするのは、新結合の構成である。これが、視点の反転に続く、第二の視角である。検討してきた7事例を見ても、新結合の方法は多様である（表8[120]）。それでも二つの共通点があると考えられる。

第一に、時代のトレンドや市場＝顧客のニーズ（潜在的なニーズを含む）と合致することが必要である。市場＝顧客に広く受け入れられて、はじめてイノベーションと呼べるからである。

キヤノンの小型複写機の開発では、未開拓だが大きな成長が期待できる個人や小規模事業者のニーズが捉えられていた。J&Jの使い捨てコンタクトレンズでは、清掃の手間を省きつつ、清潔な状態が保てるというユーザーの願望が叶えられていた。3Mの付箋・メモ帳は、社内外の秘書のニーズに合致したことで上市が認められ、人気商品となった。USJの「ハロウィーン・ホラー・ナイト」の大ヒットの背後には、ゾンビ＆ハロウィーン・ブームと若い独身女性の間でのレジャー需要の高まりがあった。

---

[120] 新結合を構成する次元は、経営資源、組織能力、活動、機能・サービス、顧客ニーズなどであるが、各事例の新結合を比較したとき、上記の次元を全て満たす加算的表現として統一はしていない。また、事例分析を通じた新結合の次元と構成要素の選択において、主観的評価の傾向を残している。改善は今後の課題としたい。

競争優位を実現した各事例に見られる新結合の第二の特徴は、それまで自社の「弱み」であった要素が、新たな「強み」として新結合の構成要素になっていることである。このために既存の競合他社が追随しにくい状況が生まれる。自社の「弱み」が他社の「強み」であったならば、その「弱み」であった要素が新たな「強み」に転じたことは、他社の「強み」が「弱み」へと変化することを意味するからである。

大規模な販売網やサービス網を持つ既存の競合企業にとっては、これら補完的資産の価値を大幅に低下させる新結合は、すぐには模倣が困難な戦略である。独自の流通・販売店網を持たず、卸売業者や量販店とのつながりもなかったデルの場合、それを逆手に取った直販制のダイレクト・モデルを生み出していた。キヤノンは、使い切り型のカートリッジを開発してメンテナンスを不要にすることで、サービス網の充実が複写機ビジネスでの優劣を決定づける要素ではないことを示した。ビジネスモデルではなく、製品特性に注目するならば、3Mの「ポスト・イット」は、粘着力の弱い接着剤が、付箋やメモの糊に利用されたことで、ユニークなヒット商品へと生まれ変わっていた。遊泳禁止の海に臨む大磯ロングビーチは、水泳の機能と日焼けの機能を分離することで、プールの遊泳＋海辺の日光浴という新結合を生み出していた。いずれのケースも要素の組合せを変えることで、市場競争上の「弱み」であった要素を「強み」の要素へと昇華している。

以上の事例分析から確認できるのは、「弱み」を「強み」に変える新結合の存在である[121]。翻って、「弱み」に注目することに実践的な意味はあるのだろうか。二つ意味があると考える。

一つは、視点の反転が、競争優位と密接に関係しているのであれば、「弱み」と認識している要素を逆の視点から捉え直してみることで、何らかの示唆が得られる可能性がある。市場競争上の「弱み」の要素は、厳しい制約条件として働くことが少なくない。厳しい制約条件は、視点＝価値観の反転を促す原動力となり得る。既存の価値観からの脱却は、新たな環境への適応力を高めることにつながるだろう。

いま一つは、「強み」が強みでなくなったとき

の対応である。従来の「強み」に代わって「弱み」の要素を新たな競争上の「強み」とすることは、手持ちの経営資源を用いて活路を見出す、という現実の要請にも応えることになる。

それでも、「弱み」であると認識していた経営資源が、実は「強み」になることを自覚するのは難しいことかもしれない。この場合、外部＝他者の視線が重要な役割を果たす可能性がある。新聞・雑誌であれ、写真であれ、テレビであれ、映画であれ、メディアに取り上げられるということは、他者の視線で切り取られることを意味する。

村山（2006）によれば、北海道美瑛町が「丘の街」として知られるようになった一つの転機は、1986年に同地を題材とした写真集が出版されたことである。風景写真家・前田真三のフレームで切り取られた町の姿が、地元住民に観光資源としての認識を促すことになったのである。

スパリゾートハワイアンズの場合、炭鉱からの転業を題材とした映画によって広く知られるようになったと言える。実話あっての物語だが、それでも映画という視点で切り取られた魅力的なストーリーがあればこそのフラガール人気であろう。それは内部の人間（当事者）にとっては特別価値があることには思えなくても、外部の人間（観光客＝異邦人）にとっては価値のあるものになるということである。

組織は、環境を解釈するだけでなく、環境によって解釈される存在である。したがって、内外の環境によって解釈された内容を、組織は戦略的に利用することが求められるだろう。

最後に、近年注目を集めている二つのイノベーションに言及することで、反転のイノベーションという視点の可能性について述べておこう。

まずは、リバース・イノベーションである[122]。このイノベーションは、開発途上国の現実から着想を得ることで生まれ、逆に先進国に影響を与えるイノベーションである[123]。先進に対する発展途上を「弱み」と見るならば、「弱み」から逆に「強み」の示唆を得るリバース・イノベーションは、反転のイノベーションの特性を持つ。

次に、創薬の領域でドラッグ・リポジショニングと呼ばれる開発手法がある[124]。この創薬手法の特徴の一つに、薬の副作用に注目して、新たな作

---

(121) 新結合が「弱み」を「強み」に転じたことは確かだが、時間軸を通じて、どの程度競争優位に貢献してきたかという点については十分に言及できていないため、今後の検討課題としたい。

(122) Govindarajan & Trimble（2012）.

(123) 榊原（2012、25頁）や沼上（2016、237頁）では、クリステンセンの分断的イノベーションの枠組みを国際経営の文脈に適用したものとして、リバース・イノベーションを捉えている。

用の薬を生み出す点がある。これまでに、制吐剤にあった便秘の副作用を利用して、下痢を伴う過敏性腸症候群の治療薬が開発され、またまつげが伸びる副作用があった緑内障治療薬からは、まつげを伸ばす薬が生まれている[125]。まさに視点を反転させることで「弱み」を「強み」とした創薬の成果である。

このように「反転のイノベーション」という視点は、関連するイノベーションの特徴を明確にすることにも寄与すると考えられるのである。

＜参考文献＞

青島矢一・楠木健（2008）「システム再定義としてのイノベーション」『一橋ビジネスレビュー』春号、58-77頁.

池澤辰夫・安藤之裕監修、常磐興産株式会社スパリゾートハワイアンズ編（1990）『レジャーサービス業のTQCへの挑戦：常磐ハワイアンセンターの実践の記録』日科技連.

石﨑琢也（2012）「製品イノベーションと組織イノベーションの共進化：複写機産業におけるイノベーションの発生と普及のプロセス」『経済科学論究』第9号、埼玉大学経済学会、103-114頁.

宇多高明・村井禎美・武中信之（1989）「湘南海岸の沿岸域利用の現状と開発にかかる2、3の問題点」『海洋開発論文集』第5巻、149-154頁.

大野耐一（1978）『トヨタ生産方式：脱規模の経営をめざして』ダイヤモンド社.

大道晴香（2017）『「イタコ」の誕生：マスメディアと宗教文化』弘文堂.

岡本健（2017）『ゾンビ学』人文書院.

加護野忠男（1988）『組織認識論：企業における創造と革新の研究』千倉書房.

加護野忠男・井上達彦（2004）『事業システム戦略：事業の仕組みと競争優位』有斐閣.

カレイナニ早川（2017）『ひまわりのように』双葉社.

楠木健（2010）『ストーリーとしての競争戦略：優れた戦略の条件』東洋経済新報社.

近能善範・高井文子（2010）『コア・テキスト

イノベーション・マネジメント』新世社.

榊原清則（2005）『イノベーションの収益化：技術経営の課題と分析』有斐閣.

榊原清則（2012）「リバース（反転）イノベーションというイノベーション」『国際ビジネス研究』第4巻第2号、19-27頁.

坂本征夫（2015）「スパリゾートハワイアンズの挑戦：ハワイアンセンター物語・常磐DNA」清水一利『常磐音楽舞踊学院50年史　フラガール物語』講談社、所収.

清水一利（2015）『常磐音楽舞踊学院50年史　フラガール物語』講談社.

高橋伸夫編、東京大学ものづくり経営研究センター著（2005）『170のKeywordによるものづくり経営講義』日経BP社.

田中政光（1990）『イノベーションと組織選択：マネジメントからフォーラムへ』東洋経済新報社.

谷口一美（2003）『認知意味論の新展開：メタファーとメトニミー』研究社.

寺本義也（1998）「事業の多角化と製品開発：キヤノンの躍進」伊丹敬之・加護野忠男・宮本又郎・米倉誠一郎編『ケースブック日本企業の経営行動　第2巻　企業家精神と戦略』有斐閣、所収.

日経産業新聞編（2013）『日経シェア調査　2014年版』日本経済新聞出版社.

日本に根付くグローバル企業研究会編（2005）『ケーススタディ住友スリーエム：イノベーションを生む技術経営』日経BP社.

沼上幹（2006）「間接経営戦略への招待」伊丹敬之・藤本隆宏・岡崎哲二・伊藤秀史・沼上幹編『日本の企業システム　第Ⅱ期　第3巻　戦略とイノベーション』有斐閣、所収.

沼上幹（2016）『ゼロからの経営戦略』ミネルヴァ書房.

延岡健太郎（2006）『MOT［技術経営］入門』日本経済新聞出版社.

一橋大学イノベーション研究センター編（2017）『イノベーション・マネジメント入門　第2版』日本経済新聞出版社.

古岡信吾（2010）「コンタクトレンズ市場の成熟化とコモディティ化をめぐる攻防」『立命

---

(124) ドラッグ・リポジショニングについては、水島（2015）が詳しい.

(125) 水島（2015）89-90頁。リポジショニング後の薬

の方が大きな市場となることが珍しくない点も、研究開発に強いインセンティブを与えている.

館経営学』第49巻第2・3号、39-69頁.

水島徹（2015）『創薬が危ない：早く・安く・安全な薬を届けるドラッグ・リポジショニングのすすめ』講談社.

村山研一（2006）「地域の価値はどのようにして形成されるか」『地域ブランド研究』第2号、信州大学人文学部、29-56頁.

森岡毅（2016a）『USJのジェットコースターはなぜ後ろ向きに走ったのか？』角川書店（角川文庫）.

森岡毅（2016b）『USJを劇的に変えた、たった1つの考え方：成功を引き寄せるマーケティング入門』角川書店.

森岡毅・今西聖貴（2016）『確率思考の戦略論：USJでも実証された数学マーケティングの力』角川書店.

矢口祐人（2011）『憧れのハワイ：日本人のハワイ観』中央公論新社.

山之内昭夫（1991）「プロダクト・プランニング（4）キヤノンのパーソナル・コピア」田中幸一監修『ゼミナール　マーケティング：理論と実際』TBSブリタニカ、所収.

Chesbrough, H. W.（2003）*Open Innovation: The new imperative for creating and profiting from technology*. Harvard Business School Press. 邦訳、ヘンリー・チェスブロウ（2004）『OPEN INNOVATION：ハーバード流イノベーション戦略のすべて』大前恵一朗訳、産業能率大学出版部.

Christensen, C. M.（2000）*The Innovator's Dilemma: When new technologies cause great firms to fail*. Harvard Business School Press. 邦訳、クレイトン・クリステンセン（2001）『イノベーションのジレンマ：技術革新が巨大企業を滅ぼすとき　増補改訂版』玉田俊平太監修、伊豆原弓訳、翔泳社.

Dell, M.（1999）*Direct from DELL: Strategies that revolutionized an industry*. HarperCollins Business. 邦訳、マイケル・デル（2000）『デルの革命』國領二郎監訳、日本経済新聞出版社（日経ビジネス人文庫）.

Govindarajan, V. and C. Trimble（2012）*Reverse Innovation*. Harvard Business Review Press. 邦訳、ビジャイ・ゴビンダラジャン、クリス・トリンブル（2012）『リバース・イノベーション』渡部典子訳、ダイヤモンド社.

Holzner, S.（2005）*How DELL Does It: Using speed and innovation to achieve extraordinary results*. McGraw-Hill. 邦訳、スティーブン・ホルツナー（2008）『DELL：世界最速経営の秘密』二見聰子訳、インデックス・コミュニケーションズ.

Kuhn, S. T.（1962）*The Structure of Scientific Revolutions*. The University of Chicago Press. 邦訳、トーマス・クーン（1971）『科学革命の構造』中山茂訳、みすず書房.

Lakoff, G. and M. Johnson（1980）*Metaphors We Live By*. The University of Chicago Press. 邦訳、ジョージ・レイコフ、マーク・ジョンソン（1986）『レトリックと人生』渡部昇一・楠瀬淳三・下谷和幸訳、大修館書店.

Nonaka, I. and I. Takeuchi（1995）*The Knowledge-Creating Company: How Japanese companies create the dynamics of innovation*. Oxford University Press. 邦訳、野中郁次郎・竹内弘高（1996）『知識創造企業』梅本勝博訳、東洋経済新報社.

Porter, M. E.（1998）*On Competition*. Harvard Business School Press. 邦訳、マイケル・E・ポーター（1999）『競争戦略論I』竹内弘高訳、ダイヤモンド社.

Schumpeter, J. A.（1926）*Theorie der wirtshaftlichen Entwicklung: Eine Untersuchung über Unternehmergewinn, Kapital, Kredit, Zins und den Konjunkturzyklus*, 2 Aufl. Duncker und Humblot. 邦訳、ヨーゼフ・A・シュムペーター（1977）『経済発展の理論：企業者利潤・資本・信用・利子および景気の回転に関する一研究（上)』塩野谷祐一・中山伊知郎・東畑精一訳、岩波書店.

3M（2002）*A Century of Innovation: The 3M story*, 3M. 邦訳、住友スリーエム株式会社（2002）『3M 100年史』.

Weick, K. E.（1979）*The Social Psychology of Organizing*, 2nd ed. Addison-Wesley. 邦訳、カール・E・ワイク（1997）『組織化の社会心理学　第2版』遠田雄志訳、文眞堂.

（2017年12月27日投稿、2018年2月28日受理）

●研究ノート

"マイチップ" の可能性

―半導体技術におけるスケーリングの終焉と今後の展望―

長野県テクノ財団　ナノテク・国際連携センター

若林　信一

1. はじめに

　インテルのG.Mooreは1965年の論文で、ICの集積度は3年で4倍に増加するというMooreの法則を発表した。当時はIC誕生後わずか3年の時点であり、これはそれまでに作られたわずか4種類のICの集積度をプロットして、それを外挿して得られた予測であった[1]。しかし、これはその後50年にわたってIC技術の方向性を示すロードマップとして有効に機能し、ICの集積度、機能、材料、装置などの開発の目安となり、産業としてのICが足並みをそろえて発展することになった。この集積度の向上はスケーリング（Scaling）と言われる微細加工技術の進歩により達成され、配線のデザインルールは3年で0.7倍に縮小された。すなわちMooreの法則は

$$P = 2^{n/1.5} \qquad \text{Pは集積度　nは年}$$

と書くことができる。

　ところが近年はこの微細加工技術は限界に近づいており[2]、いろいろな物理的限界が指摘されている。その結果スケーリングにより生じる様々な問題を解決するためにはチップを大きく設計すればよい、というスケーリングパラドックス（Scaling Paradox）が生じている。

　この様な限界が意識されているにもかかわらず、現実にはさらなるスケーリングが追及され10ナノメートルを切るプロセス技術の開発も進んでいる。さらにEUV（Extreme UV）技術により4ナノメートルの解像度も見込めるとされている[3]。しかし、クロック周波数では2000年の時点ではぼ限界値に達しており、インテルや三星電子の10ナノメートル、7ナノメートル世代は二重露光、三重露光というような技術を駆使して達成されている。したがって、これ等は実質的には16ナノメートル、15ナノメートル世代といわれており、確実にスケーリングの限界に近づいている。
ITRS（International Technology Roadmap for Semiconductors）のロードマップはこのようなスケーリングの限界から、近年は予想を外すことも多く（SiO_2膜/poly-Siゲートにかわるhigh-k/メタルゲートの生産導入開始時期や微細化トレンドに逆らう3DNAND型フラッシュメモリーの生産導入開始時期、450mmウエハーの生産導入開始時期等）、新しい指標によるロードマップを作製する必要に迫られていた。この為ITRS2014年改訂版は発行が中止され、2015年版はIoTやAIなどの応用面からICやプロセスに展開するアプリケーションを起点とする新生ITRS2.0として作成された。このような状況から2016年以降のロードマップはITRSではなくIEEE International Roamap for Devices and Systems（IRDS）が策定することになった。

　この様に、50年以上続いたICのスケーリングが終焉に近づいたと言っても半導体技術の終わりに近づいたわけではない。AI、IoT、Mobile時代のプロセッサーや大容量のメモリーの確保はSSD（Solid State Device）を核に進んでおり、AI、IoT、Mobileの時代においてもIC技術がそれらを支える基盤技術として十分機能している。いわば、これらの技術はIC技術の上に立って構築されている。

　今までのIC技術はプロセッサーとメモリーを中心とするデジタル技術を中心に進んできた。ここにみられるように、IC技術はそれが貢献できるあらゆる分野に満遍なく展開されると言うよりは、特定の分野に特化して進歩してきた技術である。したがって、今後の展開としてはAI、IoT、Mobileはもとより、従来あまり力がそそがれることがなかったアナログやカスタマイズされた少量、多品種の分野など、いわば手付かずの分野が開発ターゲットと言うことになる。アイデアのある人が自分で設計し、作って、使う、いわゆるマイチップがそれであり、More than Mooreはこういう分野を差している。これは少品種、大量生産からカスタマイズされた多品種、少量生産のIC、モジュール製品への展開が必要であることを意味している。医療・健康、社会インフラなどの機器開発が対象となる分野である。これは新しいテクノロジーの創出と言うよりは、既存の技術をより

広い分野に展開する活動であり、Jobsがマッキントッシュ PCやipod、iphoneなどアプリケーション中心に、ソフト（コンテンツ）、センシング、通信などを組み込んで展開して見せた新しいコンセプトの機器がこれに当たる。これは、いわば既存の技術の枠内で対応できる広大な応用分野を新しい応用で埋めつくす活動である。こういう方向を目指すと、当然これに適したAgileな設計方法、少量、多品種に適した製造方法、実装技術が求められることになる。これらを念頭に置きながら、従来、半導体設計、製造技術の基盤を持たない地域においても、既存の製品、技術を支え、新しいアプリケーションを生み出すレイヤーとしての半導体技術の強化の意義とその展開可能性について考察する。

2. Ray Kurzweilの収穫加速の法則（The Law of Accelerating Returns）

図1．Mooreの法則　第5のパラダイム

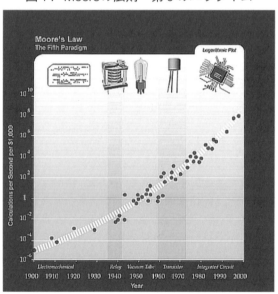

　Kurzweilは「2045年にはコンピューターの能力が人間を越え、技術開発と進化の主役が人間からコンピューターに移るSingurality（特異点）に達する」と述べている。技術の進歩は指数関数的で、次の進歩はその上に立ってさらに加速されるとしている。このような加速的な技術進歩の例としてすでに述べたMooreの法則がある。図1[4]にKurzweilのMooreの法則第5のパラダイム（Moore's Law The Fifth Paradigm）を示す。横軸は年で縦軸は対数目盛であらわされた計算のコストパーフォーマンス（1000ドル当たりの毎秒の計算回数）である。これはトランジスターの集積度と読みかえても大きくは間違わない指標である。この場合、パンチカードからリレー、真空管、トランジスター、ICと各技術の不連続点を異なる技術に乗り換えることでパフォーマンスを指数関数的に高めることに成功している。これが際立ったMooreの法則の本質をしめすものである。Kurzweilは、IC技術の次の技術、第6番目のパラダイムは三次元の分子コンピューティングであり、さらに指数関数的な増加を遂げるとしている。彼の指摘の大事な点は、この様な成長が線形ではなく引き続き指数関数的であるという点である。指数関数的な技術的進歩は線形的な予測では数十年かかると思われることを数年というごく短時間に達成してしまうことである。Kurzweilはこの原理によりヒトの全ゲノム解析の終了を正確に予測したことでも知られている。しかし、現在ではこの第6世代の技術、すなわち分子コンピューターや日本が先導してきた量子コンピューター（コンピューターの計算速度は過去5年で10倍程度の高速化がなされたが、量子コンピューターは現在の最速のものの何千倍も速い、こういう進歩はジャイアント・リープGiant Leapと言われる）の実用化にはまだ時間がかかりそうである。したがって、スケーリングの終焉に伴うIC技術の不連続の中で、我々はどうこの技術をさらに展開していくのかが当面の大きな課題である。

　今の半導体技術はもっとも得意とするデジタル領域で、少品種、大量生産が可能な分野に片寄って発展しており、広大な未開拓分野が残されている。また、近年はSi（シリコン）とは違うSiC、GaN、Ga酸化物などを使ったパワーデバイスの実用化も進んでいる。さらにAI、IoTに関連して用途に合わせたセンサー、アクチュエーター、通信、マイコン、電源などをICと組み合わせた多品種のモジュール、機器が求められている。これをハードウェアとしてレゴを組み立てるようにつなげるトリリオンノード・エンジン（Trillion node・Engine：IoTにおいてインターフェース側を重視し、これを標準化する。これに接続するモジュールについてはこれをリーフと呼び、大きさ、厚さ、層数などを自由に設計、製造できる）が提唱されている[5]。このような複合化は半導体技術の展開に新たな応用分野を拓くものである。

3. 半導体用パッケージ技術に起きた技術の不連続とその克服

　すでに見てきたように、1947年に3人の技術者によって発明されたトランジスターは、IC技術として一つの技術的到達点、スケーリングの限界

●研究ノート

図2．半導体パッケージの技術進化

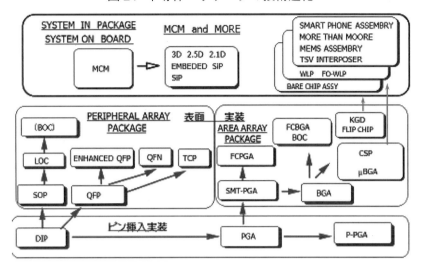

に到達しようとしている。この間、半導体用パッケージも半導体技術の進歩とともに大きく進化してきた。この中では図1のような大きな技術の乗り換えはないが、それでも様々な方法で技術の不連続を乗り越えてきた。これは今後のIC技術の展開の中でも、十分機能することを示している。むしろ実装技術はIC技術の可能性を広げる技術と位置付けるべき技術である。

3.1 半導体用パッケージとは

半導体用パッケージは、一言で言えば、ICチップを入れる容器である。チップをパッケージに入れて封止することにより外部から保護し、その取扱いを容易にするとともに、外部との接続を可能にする。パッケージには、様々な材料を使用した、様々な形態のものがあり、チップが要求する機能やコスト、信頼性などの観点から使い分けられている。パッケージは比較的単純な部品であるが、MPU（Micro Processor Unit）などの高速動作するチップでは、熱的、機械的、電気的な様々な特性が求められており、電気的に接続されただけでは動作しない場合が多い。

このような高機能、高速動作のチップを搭載するパッケージでは、①動作時の発熱によって発生するチップとパッケージ、パッケージと基板との熱膨張率の差に基づく応力の緩和、②熱の放散、③安定した電源電力の供給、④正確な信号波形の伝播（Integrity）、⑤信号遅延の最少化、などの機能が求められ、熱、機械、電気特性の機能設計がより一層重要になっている。このため、材料の選択や構造、また分布定数回路としての伝送線路の設計、さらにはボード実装におけるはんだ付け性など、多岐にわたる技術や特性が求められている。

また、近年はTSV（Through Silicon Via）を用いた3次元実装やIGBT（Insulated Gate Bipolar Transistor）モジュール、高温動作のSiCパワーデバイスの実装、さらにはiPhoneなどのスマートホンの実装技術が先端技術になっている。特に、スマートホンの実装は従来のIC実装の枠を超えるもので、高密度実装技術の粋を集めたものとなっている。

3.2 パッケージ技術の展開

半導体パッケージの技術進化をまとめてみると、図2のように書くことができる。初期のピン（リード）をプリント基板に挿入してはんだ付けするピン挿入型パッケージから表面実装型のパッケージへと進化し、さらにマルチチップモジュール実装へと進んでいる。いずれも小型化と高機能化が追及され、1980年代の後半以降、急激な小型化やクロック周波数の向上に対応した、様々な材料、形態の高機能パッケージが開発された。この例としてはインテルのMPU用パッケージの進化の例を図3に示す。形態としてはDIP（Dual In-line Package）からPGA（Pin Grid Array）に、材料はセラミックスからプリント基板へ、さらにビルドアップ基板へと技術的な不連続を伴う進化を達成し、チップのスケーリングとクロック周波数の高周波化に対応する高機能化を達成した。すなわち、ここでも、図1の例に比べると小さな機能向上であるが、Kurzweilのいうようなパラダイムシフトが起っている。また、シングルチップ実装からマルチチップ実装への要求も高まり、さらに、2次元実装の限界を打ち破るために3次元実装技術も開発され、スマートホンではTSVインターポーザーにマイクロバンプでマルチチップ実

図3．インテルのMPU用パッケージの進化

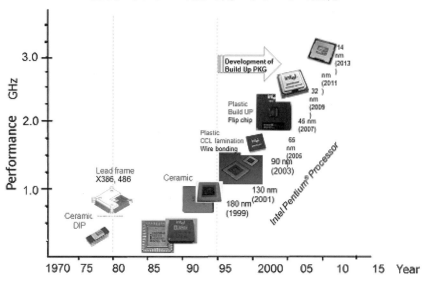

装するなど様々な高密度実装技術が駆使され、先端的な実装が行われている。これは見方を変えると、シングルチップの限界を超えるための技術であり、今後とも新しいIC技術の応用分野は実装技術との組み合わせにより展開されるものと考えられる。

パッケージの形態としては、パッケージの2辺、4辺にリードが配置されたペリフェラル アレイ型パッケージとパッケージ全面に格子状にピンまたははんだボールが配置されたエリア アレイ型のパッケージがある。これらはいずれも小型化が追及され、究極の大きさであるチップサイズパッケージ（CSP）（主にピン数が少なく、発熱が小さなメモリー用）へと進化した。CSPの場合、ウエハーのままでパッケージングするWLP（Wafer Level Package）技術も行われている。チップとパッケージとの接続技術としては小型化と高速性の追求のため、ワイヤーボンドからフリップチップ実装へと進んでいる。QFP（Quad Flat Package）、LOC（Lead on Chip）など、ペリフェラルアレイ型パッケージには主にリードフレームが使用され、エッチングまたはプレス加工により生産されている。PGA、BGA（Ball Grid Array）、BOC（Board on Chip）などのエリア アレイ型パッケージでは主にプリント基板が使用され、最近では微細配線の多層化やマイクロビアの穴埋めめっきが可能なビルドアップ技術を使用した高機能パッケージ（主にMPUなどの高機能デバイス用）が広く使用されている。また、モジュール実装ではTSVを設けたシリコンインターポーザーが使用され、多段ワイヤーによる3D積層も行われている。

3.3 技術的限界の乗り越え方

上述のように、ピン数の増加に対してはパッケージの2辺で間に合わない場合は4辺に、それでも足りない場合は底面に格子状にピンを配置してその数を増やしてきた。さらにその一つ一つを小さくし、ピッチも狭めてさらなる多ピン化に対応してきた。その微細加工技術がパッケージの小型化の一つの限界であり、その狭小ピッチのピンやリードをプリント基板にはんだ付けできるかがもう一つの技術の限界である。QFPの場合はリードがモールドされた部分から外に出ているので、はんだ付け部は目視で確認できるが、パッケージの底面にリードやボールが形成されたBGAの場合は、その接続点が見えないためはんだ付けの良否の目視確認は不可能である。このため現場の一部からは悪魔の発明だと言う声が出たほどである。しかし、これはX線を使った検査装置の開発などでこの困難を乗り越えている。

高機能パッケージではセラミックスからプラスチックへの材料の乗り換えで高速、高密度、低価格化などの多くの問題が解決されてきた。この材料、工法の変化は大きく、このパッケージをめぐっては業界地図の大きな塗り替えが起った。プリント基板技術を使ったパッケージでは、過去数十年にわたってプリント基板が蓄積した技術をそのまま生かして使うことができ、セラミックスでは達成できない微細配線、高速化、高機能化が可能となった。また、薄膜技術を取り込んだビルドアップ基板技術により、さらなる高密度配線を可能にした。このように小型、低コスト、熱、機械、電気特性の限界の拡張は様々な材料、プロセス技術、設計技術の開発で高機能化したチップ側

図4．半導体のアプリケーションを起点として展開する半導体技術
ロードマップ作製の概念図

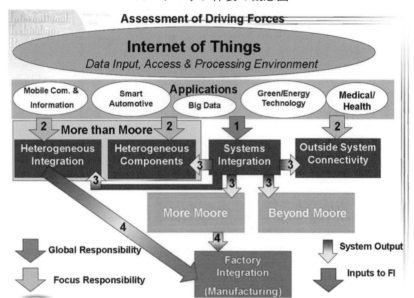

の要求を満足してきた。特に、高機能パッケージでは回路設計技術として電磁界制御を厳密にし、特性インピーダンスの整合を図る分布定数回路の設計技術が確立した。さらに現在ではTSVによる3次元実装が進んでいる。

パッケージのめっき技術においても、それ以前の技術とは不連続な様々な技術進歩があった。その一つはリードフレームの高速部分めっき法の開発である。従来のめっき液の10倍の高速化が可能となり、また銅性のリードフレームへの銀の置換析出を防止する置換防止剤が開発された。これは高速化に当たって新しい組成のめっき液が開発されたことで見出されたものである[6]。また、ビルドアップ基板ではSAP（Semi Additive Plating）法によるフォトレジストパターンをガイドとするめっきによる微細配線形成技術や上下層をつなぐマイクロビアのビアフィルめっき法も従来技術を大きく超えるものであった。特に、ビアフィルめっき技術は、凹部にめっきが付きにくく、凸部にはめっきが厚く付くと言う、めっき技術における常識を逆転させた技術で、大きな衝撃を持って受け止められた。これらは最先端の高機能パッケージやスマートホンの実装などでは必須の技術であり広く使用されている。

すでにみたように、パッケージおよびその関連技術の進歩はすべてチップ側の強い要請によっている。この様な要請が無いと技術は現状技術にとどまることになる。すでにチップのスケーリングがほぼ限界に達しているため、現状ではパッケージ、実装技術には以前のような強い技術開発の要請は見られなくなっている。すなわちパッケージや実装技術は現状のチップや機器側からの要求にほぼ答えていると言うことになる。したがって、図1の第6世代の技術が現実のものとなるまではある種の技術的な停滞がみられることになる。技術的限界の問題とは別に、半導体産業は旺盛な需要による拡大が続いている。（2017年度の世界半導体売上高は前年度比17.0％増の約3,274億USドルが見込まれている「世界半導体工場年鑑2017」）そういう現状での半導体技術、さらにはAI、IoT時代の半導体技術の展開を考えることが現在の大きな課題である。

4．マイチップの可能性

現状ではIC技術の進化を支えてきたスケーリングの限界が見えたにもかかわらずなおICの売上高が大きく増加している。これはこの産業が広範な産業を支える基盤産業であることを示しているのと同時に、まだ手付かずの広い応用分野が残っていることを示している。これは現状のIC産業はスケーリングのメリットが直接的に得られる分野のみに特化してその展開をはかってきたと見ることができる。この片寄りの反省に立って、ITRS2.0は半導体のアプリケーションから半導体技術の展開方向を捉え直す方向に転じている。

図4に半導体のアプリケーションを起点として展開する半導体の技術ロードマップの概念図を示す。このロードマップの考え方は、現状のビジネスモデルも含めたIC技術の展開が限界に迫って

イノベーション・マネジメント研究　No.13　2017

図5．マイチップが狙う市場

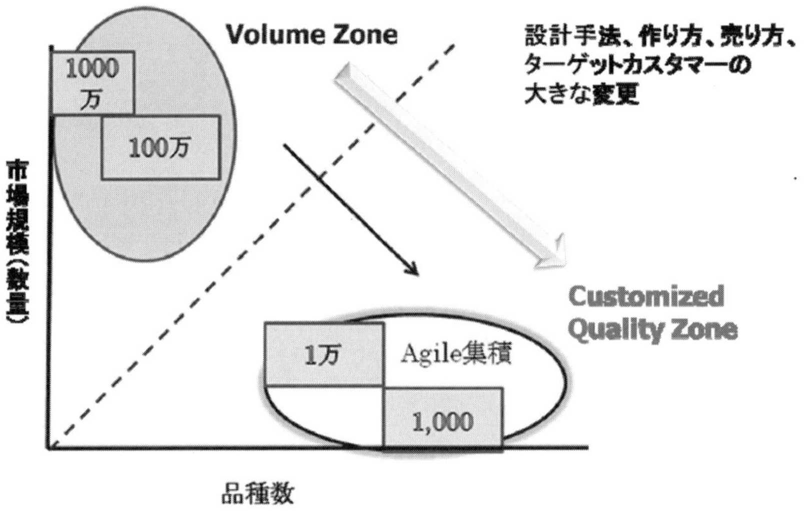

Volume Zone

1000万

100万

設計手法、作り方、売り方、ターゲットカスタマーの大きな変更

市場規模（数量）

Customized Quality Zone

1万　Agile集積

1,000

品種数

いることを認識し、IoT、AIなどが要求するIC技術にブレークし、さらにセンサーやアクチュエーターなどと組み合わせた複合モジュール技術として展開することで広範な応用分野（アプリケーション）が広がっていることを想定している。この半導体技術の未開拓部分を埋めていくことが一つの大きな展開方向である。この分野の広範さは図4のApplicationsに良く表れている。また、IoTの部分では当然ハイエンドサーバー（High Server）、データセンター（Data Center）、Cognitive Computing（コンピューターが自ら学習し、考え、瞬時に判断して膨大な情報源から大量のデータを統合し分析できるシステム、またはその技術）なども密接な関連を持つが、これらの分野への投資が進んでいることが、現状でのIC出荷の伸びを支えている。また、More than MooreやBeyond Mooreで示されている展開は、半導体技術とセンサー、アクチュエーターなど、異種技術との組み合わせによる半導体技術の拡大とモジュール化である。これはラジカセ化とでもいう方式であるが、この様な複合化も重要な展開方向である。しかし、ここで考えられている半導体はいわゆるボリュームゾーンのプロダクトである。

　半導体は大量生産されるプロダクトである。このため大きな投資が求められ、半導体技術は少数の限られた大企業にほぼ独占されている。当然設計、製造方式もこれを前提に考えられている。しかしながらこのビジネスモデルでは対応できない多くの需要があることも重要である。現実に、今の半導体工場は多品種、少量生産（High Mix, Low Volume）に対応することは困難である。したがって、アイデアのある人が、ICを設計し、作って、

使う（こういうICをマイチップと呼ぶことにする[7]）という環境は事実上日本には存在しない。しかし、少数の人しか必要としないが、これが無ければ命にかかわるというような、個人にカスタマイズされた半導体の要求は存在している。しかも汎用ICを使った場合には機器が大きくなりすぎて事実上有効なものが作れないというケースも多くある。こういう要求はいわば図5に示すようなCustomized Quality Zoneとでもいうべき領域であり、この領域でのビジネスが成立する環境作りが必要である。したがって、「マイチップ」はこの領域でのチップ製造を目指すものである。期せずしてトリリオンノード・エンジンの時代のIC、モジュール技術も1万個以下のIC市場の創出を想定している。

　従来、半導体技術はその性能を高めることでその応用範囲を広くし、需要を掘り起こし（DRAMなどメモリー）、機器（例えばMPUによるPC）の性能を高めてきたが、マイチップのような少量、特定分野でのアプリケーションを実現するツール（アプリケーション　ドリブン）としての貢献を目指すチップは、必ずしも最先端のプロセスを必要とするものではない。いわゆるレガシー技術で実現できる、小さなシステムである場合が多い。いわばマイチップはICが引っ張る機器開発から、市場が要求する機器を実現するチップへのパラダイム転換を意味している。これにより、新しい半導体市場を拓くことが可能になる。

　これは専用ICを作るという発想で従来の汎用ICからのパラダイム転換であるが、これをどう作るかのアプローチも必要である。この考え方から産業技術研究所はミニマルファブ（Minial Fab）

を提案している。このラインではハーフインチ（直径12.5mm）の小径ウエハーを「シャトル」という密閉容器に入れてハンドリングすることで、クリーンルームを必要としない環境下で処理を行う製造ラインとしている。この場合の個々の製造装置は幅294mm×奥行き450mm×高さ1440mmという寸法に統一され、外観も含めて規格が統一されている。これにより究極の少量多品種生産を可能にしている。また、このような小型ラインのため、最先端のメガファブ（巨大半導体製造工場）建設には約5000億円の投資が必要なのに対し、ミニマルファブは5億円程度の費用でラインが建設できる。さらにクリーンルーム運転が不要のためラインのランニングコストも低下する[8]。

　また、現状の半導体製造に用いられるウエハーサイズやそこで作られたチップの売価などのデータはほとんど公表されていない。装置や半導体の需要も多くはメガファブに関するもので、既存の古く、小径のウエハーで生産される半導体のデータはほとんど公表されることが無い。しかし、ミニマルファブを主導する産総研の資料[9]によれば300mmと3インチ、4インチで作られたものが多くの利益を出しているとされている。300mmのウエハーで生産されるチップは従来通りの大量生産の半導体ビジネスモデルを代表するもので、小径での生産は大学、政府系の研究所などが主で、メガファブで生産されるチップの10倍から100倍の値段で売られている。また、そのデザインルールも数世代前の大きな線幅のルールが採用されている。しかも、ほとんど知られていないが、4インチ以下のファブはアメリカでのファブの約1/3を占めている。このためミニマルファブはこの老朽化したラインの置き換えを狙うのと同時に大学、研究所の開発する高価格帯のチップ製造を担うことを目指している。その結果、将来（2030年頃）、30兆円の半導体市場の半分をミニマルファブで製造することを目指すとしいている[9]。

　これからの時代背景もこのような少量多品種生産の方向を支持している。IoT時代のコンピューティングは自律分散制御となり、カスタマイズされたチップ、Cognitiveなエッジデバイス、地域や機器の多様化に応じてのフルカスタムチップが増えてくると考えられている。IoTという産業革命のキーデバイスはそれぞれの企業がそれぞれ独自のサービスを追及するためカスタムチップが多くなり、過去のようにIDM（Integrated Device Manufacturer）が有効に機能することが期待される[10]。IDMは「垂直統合型デバイスメーカー」

で、半導体メーカーのうち、設計から製造、販売まで自社ですべてを行なう企業である。1980年代から1990年中頃にかけての日本の半導体メーカーはすべてこれであった。したがって、日本の半導体産業復活の鍵もカスタムチップのアイデアにかかっている。

5.　マイチップの設計、製造環境と応用

　半導体設計用の設計ツール（CAD）は米系の企業が独占している。これを使うためにはそれなりの大きな費用が発生する。したがって、それに見合うだけの設計量を確保できなければ事業としては成立しない。これも、この技術が大企業によって独占される原因になっている。しかし、大学では研究、教育用にVDEC（VLSI Design and Education Center）を通じてこのCAD使用のライセンスを取得できる。これによりICを設計、製造して基本的な技術確認をすることが可能である。この結果商用試作に進むことが可能になれば、設計サービスを提供できる機関に依頼してチップを設計、製造することになる。

　したがって、現状では、特に地方でマイチップを設計、製造する上では大学との共同研究が不可欠である。ここで設計技術を習得し、設計すれば、アイデアのある人は誰でもマイチップの設計が可能になる。設計ができればファウンドリ（Foundry）（ファブともよばれる）という半導体製造のみを行う専門工場に委託し、チップを手にすることができる。いわば設計さえできればマイチップは手にできることになる。しかし、商用チップの設計を行うためにはアウトソーシングする提携機関を持つか、CAD使用の費用に見合うだけの設計量を確保する必要がある。このため、我々はすでにこのサービスを提供できる150人程度の設計者を抱える機関と相互協力のMOUを締結している。そうすると残る課題は何を作りたいか、何を作るか、何が作れるかの具体例を示し、地域のアイデアを実現して見せることである。

　その具体例を2例示すが、当然まだ開示できない開発プロジェクトがいくつか進められている。先ず科学技術振興機構（JST）のスーパークラスター事業の一環で、京都クラスターのサテライトクラスターとして長野地区で進められた光プローブを用いた電流センサーの例がある。これは偏波保持ファイバー（Polarization Maintaining Fiber: PMF）の先端に$Co\text{-}MgF_2$グラニュラー磁性膜を形成したファラデー素子を使用する方法で、電流が流れる回路にセンサーを近づけ、これを透過した

図6．ファラデー素子を使用した電流センサー

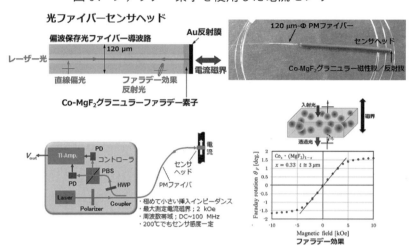

図7．光電流センサー用のマイチップ（TI-Amp）

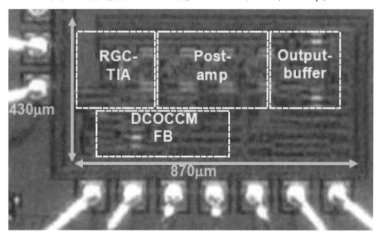

光の偏光面の回転角度を測定して電流値を求める方法である。この磁場が光の回転を起こす現象をファラデー効果というが、この効果を使用するファラデー素子はセンサーヘッド径が120μmと小さく、微細配線を流れる電流値の直接計測が可能である。また、光を用いる計測であることから電磁ノイズに強く、60Hz, 1000Aの大電流の測定が可能であることが実測により確かめられている。この装置のブロック図とセンサー素子、ファラデー効果と偏光面の回転角度の関係を図6に示す[11]。

しかし、この計測においては得られる光信号は微弱で、これをフォトダイオードで変換して得た差動電流も微弱である。したがって、この電流を高帯域で増幅するトランスインピーダンスアンプ（TI-Amp）が必要である。この装置開発ではこのアンプをマイチップとして設計、製造して用いている。このチップは1.0mm×0.2mmの大きさで電流電圧変換、3段の電圧増幅および出力バッファなどから形成されている。これを図7に示す[12]。これにより装置の小型化と高性能化が達成できる。

もう一つの例はウエアラブル発汗計である。これは発汗した皮膚をカプセルで覆い、これに空気を送って汗を気化し、この気化前後の空気の湿度を二つのキャパシティブセンサーで計測し、この差から発汗量を求めるものである。この場合のカスタムCMOSチップはセンサー出力の信号処理回路やアンプなどを一体化したもので、180nmのデザインルールで設計されている。しかもこのデザインルールで設計しても、チップはわずか0.72mm²の大きさである。このチップを組み込んだセンサーは15mm×20mmの基板にすべて集積されている[13]。この発汗計は精神性発汗や日射病、脱水症、快適な生活環境の計測に有効であり、今後の展開が期待される。現在市販されている発汗計は230mm×210mm×100mmの大きさで2Kgと大型であるが、この様なマイチップの使用

でウエアラブルな機器とすることができる。

これらの例からみられるようにマイチップによるカスタム化は小型化と同時に高機能化と低価格化も達成している。しかし、これらのチップは機器を構成するキーパーツではあるが、その機器のセンシング機能を支える部品である。したがって、これ等の機器を使う側からは直接意識されることはない。いわば隠れた機能、知財集積部品である。これをリバースエンジニアリングにより解析し、再構成しようとする場合も、市販されていないキーパーツに行きあたるため、この作業が難しくなる。したがって、マイチップ搭載機器は知財保護と競争力の維持に好都合である。

マイチップ搭載型の機器は分野の異なる様々な産業分野で生み出されるべきものである。電気系の計測機器、産業用計測機器、医療・健康機器、モーター・アクチュエーターなど、多くの産業分野で上記の様な小型、高機能、低価格の特徴ある機器開発が可能である。従来、様々な国や行政の大学、企業への開発支援策は個別の材料や機器の開発に向けられたものが主であった。しかし、マイチップの設計、製造、応用のプラットホームを支援することになれば、従来とは違う意味を持つことになる。それは個別の産業のもう一つ下のレイヤーの育成ということになるからである。このレイヤーの強化は多くの地域産業を下支えし、今まで事実上不可能であったアイデアを実現するマイチップを提供する基盤の強化になる。

このように考えると、これからの地域産業の発展のためには、マイチップを設計、製造するマイチップ開発センターを地域の中に設立することが重要になる。ここ10年にわたって長野県テクノ財団と信州大学はこの設立を目指す研究会活動を進めてきたが、上記の様な具体的な開発例を通して、その意義と可能性が確認された。後はできるだけ多くの開発アイデアを集める仕組みつくりが課題である。これを十分集められれば、大学で技術を身に着けた卒業生が大学と連携しつつ起業してビジネスを展開することができる。

6. おわりに

半導体技術も半導体産業も一つの転換点を迎えている。今でもこの分野はより高度な技術の追求や産業の拡大も続いているが、そう言う中でスケーリングの限界に直面しての次の展開を考える必要がある。その一つが少品種大量生産のビジネスモデルから多品種少量生産のビジネスモデルへの転換である。この両者を併存させることでさらなる産業規模の拡大が期待できる。しかし、その設計技術や生産技術、また作るものは両者で大きく異なるものと考えられる。本稿では多品種少量生産のビジネスモデルを可能にするあり方を議論し、大学の設計環境を活かしたマイチップを設計し、作って、使う、マイチップ開発センターを設立することが特徴ある地域産業の育成に有効であることを述べた。また、そのマイチップを使ってのユニークな機器開発の事例についても紹介した。

今後のIoTの時代では益々カスタマイズされたチップが求められ、そのアイデアの多様性が求められる。しかし、現状ではそのようなマイチップを手にできる環境は全く整備されていない。これをいち早く整えることが産業競争力を高める有力な方策である。しかも、これは設計者の育成ができれば可能になるもので、後はCADの使用料に見合う設計量の確保ができれば十分で、これを可能にする場所を選ばないことがその特徴である。したがって、我々はいち早く産官学連携による「次世代地域産業基盤としてのマイチップ設計・開発プラットホーム」を作り、アントレプレナーシップを涵養し、新たな起業を可能にする環境作りを目指している。

引用文献

1. Gordon E. Moore, Electronics Magazine: volume 38, number 8, April 19, 1965, pp. 114 ff.
2. 吉川公麿：応用物理68, (12), 1215 (1995)
3. Nikkei Electronics 2017. 09, p24-28
4. レイ・カーツワイル；シンギュラリティーは近い（NHK出版）p63
5. http://www.zuken.co.jp/ir/upload_images/AR 2017_J.pdf
6. 若林信一他：表面技術, 44 (3), 63-69 (1993)
7. 若林信一：エレクトロニクス実装学会誌, Vol.15 (2), MAR. (2012) 巻頭言
8. http://www.nikkeibp.co.jp/atcl/tk/DTrans/ecs/ 051700020/?P＝4
9. 原史朗氏　私信
10. https://www.semiconportal.com/archive/blog/ insiders/izumiya/170531-iotidm.htm
11. 佐藤敏郎：スーパークラスタープログラム長野サテライト最終研究成果発表会2017. 11.16, p58-61
12. K. Miyaji et al.; International Conference on Solid State Devices and Materials（SSDM）2017

13. Y. Mitani et al.; Extended Abstract of the 2017 International Conference on Solid State device and Materials, Sendai, 2017, pp261-261), 日刊工業新聞、2017.11.15

（2017年12月12日投稿、同日受理）

●研究ノート

企業不祥事と内部統制
―失われた"日本のものづくり神話"を取り戻すには―

法政大学大学院政策創造研究科教授[1]

樋口　一清

はじめに

最近、神戸製鋼、日産、スバル、東レ、三菱マテリアルなどの企業グループで、品質関連の不祥事が相次いでいる。これらの企業は、日本のものづくりを代表する企業であり、ものづくりへの信頼が揺るぎ兼ねない事態となっている。一部には、『日本のものづくり神話が崩壊した』と揶揄する向きもある。本稿では、現時点（2017年12月末）で明らかにされている各企業の不祥事に関する第三者報告書等を手掛かりとして、その事実関係を整理し、日本のものづくり企業に何か起きたのか、そして、企業の内部統制という観点からどう対処すべきなのかを考えてみたい。

1．ものづくり企業の不祥事とその背景

（1）企業不祥事の特徴

上記の神戸製鋼、日産、スバル、東レ、三菱マテリアルの不祥事に関しては、すでに、法律事務所や、外部の者で構成される有識者委員会などによって詳細な調査報告書が作成され、公表されている（表1）。各企業に関する報告書等を分析すると、以下のような点で、類似する特徴がみられる。

第一は、いずれも、製品の品質管理を巡る不正（検査データの改ざん、無資格者による検査等）が問題となっている点である。すなわち、①神戸製鋼グループのアルミ・銅事業部門等における製品仕様の不適合品に関する検査成績書の改ざん等、②日産、スバルでの完成検査員以外の無資格者による自動車車体完成検査の実施、③東レ子会社（東レハイブリッドコード株式会社）でのタイヤコードの品質保証検査データの書き換え、④三菱マテリアル子会社（三菱伸銅株式会社及び三菱電線株式会社）での不適合品データの書き換えなど、いずれも製品の品質管理に関連した社内ルー

ル無視の実態が調査報告書で明らかにされている。

第二は、組織ぐるみのデータ改ざんが行われた疑いが濃厚なことである。①神戸製鋼グループの不正事案は、その社内報告によれば、グループ各社で行われており、「複数の部署に跨る広範囲の関与者[2]」がいたとされている。②日産、スバルにおける完成検査員以外の者による無資格検査も常態化しており、監査の際には有資格者のみで対応し、意図的に発覚を免れようとするなど、組織ぐるみの不正が明らかになっている。③三菱マテリアル子会社では、「需要家別検査ポイント表」や「シルバーリスト」と呼ばれる書き換えの指南書の存在が明らかになっている。④東レについては、直近の品質保証室長2名が書き換えを行ったとしているが、少なくとも、品質保証室が組織的に書き換えに関与していたことが疑われる状況である。

データの改ざんに関しては、2015年、フォルクスワーゲンの排ガス不正（不正なソフトウエアの使用）が世界的な問題となったことはまだ記憶に新しい。また、我が国でも、旭化成子会社（旭化成建材）によるくい打ちデータの改ざん問題などが発生している。今回のデータの書き換えは、これらの事件とは、その規模や社会的影響は異なる面もあるが、製品の品質に関する信頼性が損なわれたという意味では類似の事案であるとも考えられる。

第三に、これら各社の不正事案は、長期間にわたり継続されていた疑いが濃厚である。各社の不正事案の多くは、データが保存されていない等の理由により、その始期を特定することが困難なようである。それ自体、内部統制上は、大きな問題であるが、いずれにしても、かなり長期にわたって、こうした不正がまかり通っていたことには驚きを禁じ得ない。①神戸製鋼所では、「長期間にわたり不適切行為が継続され[3]」ていた。記録が

（1）法政大学大学院CSR研究所長、内閣府消費者委員会委員

（2）神戸製鋼所（2017）12頁
（3）神戸製鋼所（2017）12頁

表1　各社に関する調査報告書一覧

No.	報告書の提出先	調査報告書の名称	報告書の作成者	提出時期
1	日産自動車株式会社、日産車体株式会社	調査報告書「車両製造工場における不適切な完成検査に実施について」	西村あさひ法律事務所	2017年11月17日
2	株式会社 SUBARU	完成検査の実態に関する調査報告書	長島・大野・常松法律事務所	2017年12月19日
3	東レ株式会社	調査報告書	東レ株式会社有識者委員会（弁護士3名で構成）	2017年12月25日
4	三菱伸銅株式会社（調査委員会）（注1）	調査報告書「若松製作所における不適合品の出荷に関して」	西村あさひ法律事務所	2017年12月27日
5	三菱電線工業株式会社（調査委員会）（注1）	中間報告書「簑島製作所におけるシール製品等の品質管理体制の実態について」	同上	2017年12月27日
6	株式会社神戸製鋼所（未提出）（注2）	（参考）社内報告書「当社グループにおける不適切行為に係る原因究明と再発防止策に関する報告書」	有識者委員会（弁護士3名で構成）	社内報告書 2017年11月10日

（注1）両子会社調査委員会経由で親会社である三菱マテリアル特別調査委員会に、同日付で上記報告書を提出。
（注2）外部調査委員会（弁護士3名で構成）の報告時期は、当初2017年年内であったが、2018年2月にずれ込む見込み。

確認できる範囲では、少なくとも2007年4月以降、書き換えが行われていたと見られる[4]。②日産自動車の工場の実態をみると、例えば、追浜工場においては、「遅くとも1989年（平成元年）頃からは、補助検査員が完成検査に従事することが行われていた[5]」とされている。また、栃木工場では、「1990年代には補助検査員が完成検査に従事することが広く行われていたと考えられる。・・・（中略）・・・、1979年（昭和54年）頃には、既に、補助検査員が完成検査に従事することが行われていた可能性もある[6]。」とされている。③スバルでは、本工場及び矢島工場において登用前検査員による完成検査業務に関して「1980年代からかかる運用がなされていた可能性があり、遅くとも1990年代には、かかる運用が定着していたことが窺える[7]」としている。④東レハイブリットコード株式会社では、2008年以降在籍した2名の品質保証室長が書き換えの実行者とされている[8]。⑤三菱伸銅では、書き換えの指南書であるポイント表は、1999年5月時点で既に存在しており[9]、また、顧客の了承を得ず、検査記録のデータを規格に適合するように書き換える処理（社内特採）はそれ以前から行われていた疑いがあるが、具体的な時期は判明していない。他方、三菱電線簑島製作所では、少なくとも1990年代半ばにはシルバーリストに基づく試験データの書き換えが頻繁に行われていた可能性がある[10]。

これらの調査結果から、実は、今回、品質データの書き換え不正が発覚した各社の大半で、少なくとも、10～20年、あるいはそれ以上の長期間にわたって品質管理に関する不正が続けられていたことが判明した。こうした事実は、日本のものづくりが、少なくとも品質管理の面では、構造的な問題点を有していたことを伺わせるに足るものであろう。

ところで、上記の各社は、当然のことながら、今回の一連の不祥事に際して、まず、製品の供給先である顧客の意向を確認している。各社とも、

(4) 神鋼鋼線ステンレス株式会社におけるステンレス鋼線の試験値の書き換えは、検査記録のある範囲では、9年2ヶ月間（2007年4月～2016年5月）とされている。
(5) 西村あさひ法律事務所（2017a）26頁
(6) 西村あさひ法律事務所（2017a）35頁
(7) 長島・大野・常松法律事務所（2017）23頁
(8) 東レ株式会社有識者委員会（2017）30頁
(9) 西村あさひ法律事務所（2017b）14頁
(10) シルバーリストに新たに登録された日付である「確認日」に関しては、その意味合いや信頼性は不明ではあるが、1961年、1974年の記載も見られた（西村あさひ法律事務所（2017c）15頁）。

●研究ノート

消費者を含め、製品の供給先からは、少なくとも現時点まで、大きなクレームは出ていない。これは、①多くの製品で、厳しい品質基準が設定されているため、大多数の事例では、基準に満たない製品であっても、一定の性能を有していることや、②今回の品質不正が、いわゆる「特採品[11]」の取り扱い方の問題という側面を有していることなどである。

しかしながら、特採品は顧客の了解を取ることが前提であり、了解を取らないで行うことが詐欺的な行為を意味することは疑いない。本来、製品の品質は、情報の非対称性が大きい分野であり、製品事故が発生しなければ品質を確認できないものも多い。その意味では、品質管理制度は、個別の製品だけでなく、そのブランド自体への信頼感の前提として位置づけられるべきものである。取引先のクレームの有無にかかわらず、上記各社の不祥事が、日本のものづくり企業の信頼を大きく損ねたことは疑いない。

(2) 品質管理不正の背景

日本企業の品質管理について以上のような状況が生じている背景には、どんな要因があるのだろうか。次に、各社の調査報告書における指摘から要因を探ってみたい。

(神戸製鋼所の事例)

神戸製鋼所の報告書では、厳しい経営環境の中、本社経営部門による事業部門への統制が「収益重視」に偏っており、品質管理等、「工場で起きている問題」には無関心であったことが指摘されている（神戸製鋼所（2017）12頁）。

(日産・スバルの事例)

完成検査制度に関する現場の規範意識の鈍麻及び意識の薄さ（任命・教育基準書に定めるルールを無視した現場の対応）を背景として、車両工場への人員配置の中で、完成検査員への十分な対応がなされず、人員不足が生じたと指摘されている。また、現場と管理者層との意思疎通が十分でなかったため、完成検査員の人員不足や補助員による対応が放置されてしまったとしている（西村あさひ法律事務所（2017a）106頁など）。スバルにおいても完成検査業務に関する自覚の乏しさ、現場での便宜的対応への管理層の監査機能の欠如などが指摘されている。

(東レの事例)

現場の責任者は、製品の安全性に重大な影響を及ぼさない範囲で書き換えを行ったとされるが、「品質に関する顧客との合意（コミットメント）を厳格に守るという意識が希薄」であり、品質保証の意義や重要性が十分に理解されていなかったとされている。

(三菱マテリアルの事例)

三菱伸銅株式会社についての調査報告書[12]では、後発としてのシェア拡大の優先、仕様書遵守の意識不足、手続きの形骸化、前例への安易な依拠などが指摘されている。

以上のような各社の調査報告書による指摘事項や不祥事発覚後の各社経営幹部の対応ぶりから浮かび上がったのは、①コスト主義、成果主義の弊害、②現場や子会社任せによる経営陣の責任感の欠如、③規定の不備によるルールと実態との乖離、品質管理の現場でのコンプライアンス意識の低さなどの内部統制上の問題点である。次章では、こうした問題点とその対応策について具体的に論じてみたい。

2. 内部統制強化を巡る論点

今回の一連の品質管理不正に対応して、上記の各社は、品質に関する組織、規定の見直し、監査体制の強化、責任者の処分など、内部統制の強化策を打ち出しつつある。その中心は、コンプライアンス体制の強化であるが、前掲の問題点を解決するためには、コンプライアンス体制の整備だけでは不十分だと考えられる。各社とも、品質管理不正がコンプライアンス問題であるという観点から、弁護士により構成される外部委員会に調査を委ねている。その結果、法的な側面での内部統制が強化されることは疑いがない。おそらくは、これまで以上に詳細な規定やマニュアルが作成され、点検や監査の体制が整備されることとなると予想される。当然、その間の内部統制関連のコストの増大はかなり大きくなると見込まれる。

しかしながら、効率的、効果的に内部統制を実現するには、法律や会計の視点だけでは必ずしも十分とは言えない。今回の事案を具体的に検討すると、企業の品質不正が長期間にわたっており、日本の企業文化の中に蔓延っていることが一番の問題点であると感じる。現場や経営幹部の意識構造を分析し、その認識の改善を含めた適切な処方箋を講じない限り、日本企業の品質神話の回復は

---

(11) 製品検査において、規格に合わず不合格とされた製品を、再審査により使用可能とすること。

(12) 三菱電線株式会社については、中間報告であり、原因、背景等への言及はない。

困難であると言えよう。本稿では、以下、内部統制強化に関連して二つの基本的な論点を提示することとしたい。

(1) 関係者の意識構造の改革

この面での第一の課題は、言うまでもなく、経営幹部の意識改革であり、経営者の内部統制の率先垂範である。金融商品取引法に基づいて、2008年度からスタートした内部統制報告制度（J-SOX）においては、「開示すべき重要な不備」を経営者が公表する仕組みとなっている。経営者は、「一般に公正妥当と認められる内部統制の評価の基準に準拠して、その有効性を自ら評価しその結果を外部に向けて報告することが求められる[13]」のである。近年は、「開示すべき重要な不備を報告した企業数」が内部統制報告書提出企業総数の1％未満となっている。しかしながら、内部統制に関わる企業不祥事が続発する状況をふまえると、必ずしも日本企業の有効な内部統制の整備・運用が進んでいるとは言えないのではなかろうか。

企業において、経営者が内部統制の強化を実現するには、形式的な体制整備を行うだけでなく、コスト競争に依存する経営体質を改めることが重要であると考えられる。経営幹部が、成果主義的な視点から短期的な収益性を偏重し、現場の状況を見過ごす状況が続けば、様々な企業リスクを高め、長期的な競争力の低下を招くこととともなり兼ねないのである。1990年代、筆者が駐在した欧州では、日本のものづくり企業の経営幹部が、背広ではなく、工場の現場と同じ作業服を着ていることが驚きの念をもって語られていた。その意味を改めて問い直す必要があるのではなかろうか。

第二の課題は、現場の意識改革を実現するためには、一方的な規制強化だけでなく、現場からの提案に基づく自主的取組みが重要であるという点である。品質管理の不正に直面した経営幹部は、規制の強化による問題解決を指向しがちである。また、行政も、監査体制の強化など、新たな規制を義務付けることを検討することが予想される。

しかしながら、今回の品質管理に関する不正は、長期間にわたり、組織ぐるみで行われていた可能性が高く、責任の範囲は広範に及ぶと考えられる。こうしたケースでは、現場が十分納得できる結論が求められる。また、規制が行き過ぎる

と、規制部門、監査部門の肥大化、相互牽制の輻湊化などの弊害を生じることが懸念される。過剰規制は、結果としてコスト負担の増大を生じることとなり、企業の成長や競争力強化の阻害要因に繋がり兼ねない。

第三の課題は、教育・研修プロセスの充実による全社的な意識改革の推進である。これは、前述の自主的な取組みとも表裏の関係にあると言えよう。品質管理に関する不正の背景には、品質への過信や職場内での惰性、隠ぺいなど、根本的な意識改革を必要とする実態が数多くみられる。こうした状況を根絶するためには、教育・研修プロセスの充実が極めて重要であると考えられる。2013年に改定された米国のCOSO（トレットウェイ委員会支援組織委員会、the Committee of Sponsoring Organizations of the Treadway Commission）の内部統制フレームワーク[14]では、「統制環境」に関する原則の一つとして、「能力ある者を採用し、教育し、雇用維持することをコミットする姿勢の明示[15]」を求めているが、品質管理の問題においても、人材に関する方針の明示は極めて重要な意味を持つと考える。

また、教育の問題は、企業内の従業員教育や研修の問題に止まらない。品質管理に関するモラルを確立し、意識改革を徹底させていくためには、大学等の専門教育の場における技術者倫理に関する教育のあり方も見直していかなければならない。

ちなみに、筆者が信州大学工学部の学生（主として、共通教育課程を終えた2年次の学生）に行った意識調査（2011〜2014年度実施）では、エンジニアが製品の欠陥に気が付いた時どう対応すべきかを質問した所、4年間の合計では、①「役員会、幹部会等の場で、経営幹部に状況を報告し、判断を仰ぐ」とした者が約7割、②「製品の欠陥については、一切口外せず、様子を見守る」とした者が約1割、③「公益通報者保護法に基づき、行政等の関係機関にすみやかに事実を通報する」とした者が約2割であった（図1）。

この調査結果を見ると、①の回答が多くなっていることから、組織への帰属意識、依存心理が、企業人だけでなく、学生のうちから、かなり形成されていることが推測できる。また、②の回答は、組織的な隠ぺいに繋がる可能性を示しているとも言えよう。この調査は、公益通報者保護法の

---

(13) 財務報告に係る内部統制の評価及び監査に関する実施基準

(14) COSO (2013), Internal Control-Integrated Framework

(15) 森谷博之、若林香里、仲宏太（2013）「COSOフレームワークの改訂」季刊企業リスク67頁

●研究ノート

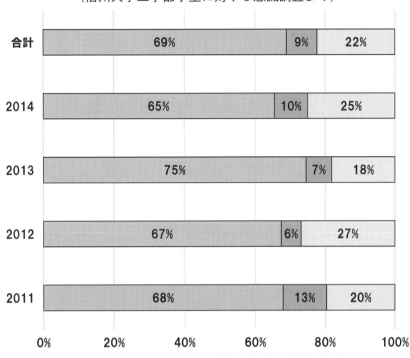

（図1）エンジニアの製品欠陥への望ましい対応のあり方
（信州大学工学部学生に対する意識調査より）

■ 役員会、幹部会等の場で、経営幹部に状況を報告し、判断を仰ぐ。
■ 製品の欠陥については、一切口外せず、様子を見守る。
□ 公益通報者保護法に基づき、行政等の関係機関にすみやかに事実を通報する

（備考）合計；2011～2014年の合計の数値、
N＝56（2011年）、N＝52（2012年）、N＝55（2013年）、N＝52（2014年）

施行時から毎年行っている[16]が、③の回答者の割合が示すように、学生の段階では、公益通報者保護制度を活用するという意識は、一定程度あることがわかる。

(2) 効率的、効果的な仕組みづくり

今回の品質管理の不正を通じて、公益通報者保護法に基づく内部通報制度がうまく機能していないことが明らかになった。ものづくりの現場に蔓延している広範な不正を一掃し、根絶するためには、内部統制システムの中に、有効な内部通報制度を位置づけることも急務であると考える。例えば、神戸製鋼所は2003年コンプライアンス委員会を設置し、内部通報制度を導入しているが、今回のケースでは十分に機能していない[17]。また、日産は、2013年、外部の通報窓口として、匿名での通報を可能とする「日産コンプライアンスホットライン」を設け、2017年からは、海外拠点を含めた「スピークアップ」という内部通報システムの運用を開始しているが、法律事務所による現場関係者へのヒアリングでは、こうした制度の利用を躊躇する声も多かった。

現在の公益通報者保護法に基づく内部通報制度は、通報者の保護が十分でなく、不利益を受けるリスクを冒して内部通報を行うケースは限られている。政府は、公益通報者保護制度の見直しを行っているが、内部通報のイメージがこれまでの日本の企業文化になじみにくい部分があったこと等をふまえ、品質管理体制の強化の観点から、通報者の保護の強化、内部通報の範囲の拡大などの制度の改善策と並んで、制度に関する社会的な理解をさらに深めていくことが急務であると考えられる。こうした観点からは、「公益通報者保護法

(16) 2006年～2010年は、工学部の学生ではなく、主に、全学共通教育課程の1年次学生を対象として調査を行った。
(17) 神戸製鋼所（2017）15頁

（図２）企業システムの補完

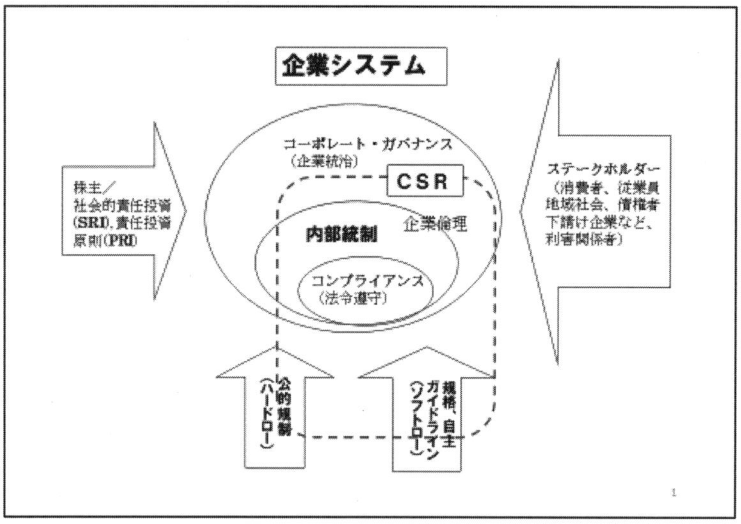

企業システム

コーポレート・ガバナンス
（企業統治）

CSR

内部統制　　企業倫理

コンプライアンス
（法令遵守）

株主／
社会的責任投資
（SRI）,責任投資
原則（PRI）

ステークホルダー
（消費者、従業員
地域社会、債権者
下請け企業など、
利害関係者）

公的規制
（ハードロー）

規格、自主
ガイドライン
（ソフトロー）

（出典）樋口、井内（2007）を修正。

に関する民間事業者向けガイドライン[18]」の普及や内部通報制度に関する企業の自主的取組みを推進するための認証制度の創設の検討[19]は、効果的な方策となるのではないかと期待している。

また、品質管理に関する不正の蔓延は、経済学におけるいわゆる「限定合理性」の問題とも関連していると考えられる。人々が必ずしも合理的に行動するとは限らない状況の下では、ミスや不正、隠ぺいなどの問題が、ある程度生じる前提で、システム構築を行うことが重要である。こうした側面からは、行動経済学的視点の導入も効果的であると考えられる。米国や英国で実際に行政の現場に取り入れられているNudgeなどの手法を活用することで、現場のモラルを高め、品質への過信や惰性、隠ぺいなどに効果的に対処する方策を講じることが可能となるのではないだろうか。実際、厳罰主義や排除の論理に頼るよりは、ものづくり企業の品質管理について、優良事例やベストプラクティスの普及を推進し、リーダーとなる人材を養成していくことが有効であるケースもあると考えられる。WEBを活用したチェックリストの導入など、ミスや不正を防止する最新のシステムづくりと並んで、ミスや不正、隠ぺいを生じにくい職場の雰囲気をしっかりと醸成、定着させていくことが不可欠であると思う。

結び

何故、企業不祥事はなくならないのだろうか。これまでも、不祥事が起こるたびに、企業の隠ぺい体質や利益至上主義などが問題となった。そして、企業の社会的責任（CSR）が問われ、経営者が謝罪する光景を、幾度となく目にしてきた。これは、企業に限ったことではない。行政や教育の分野などでも、こうした状況が繰り返されている。

その意味では、CSRや内部統制は、しばしば免罪符的な意味合いで使われて来たのではないかとの疑念を感じることもある。今回の品質管理を巡る不正に関しても、慣行として長く現場で続けられて来たケースが多く見受けられた。筆者は、株式会社制度自体が、現代の市場経済において不完全なシステムとならざるを得ないことを指摘したことがある[20]。確かに、一部の企業では、トラブルが繰り返されている。こうした企業のマネジメントには、大きな欠陥があることは疑いがない。ただ、企業不祥事の続発により、安易な内部統制強化論やその場しのぎの対策が台頭することを懸念せざるを得ない。厳格な規制の実施は、角を矯めて牛を殺すこととともなり兼ねないと自戒すべきである。内部統制報告制度の目的は、企業のコストを増やすことではなく、リスクを減少させ、企業の発展につながるものでなければならないと思う。その意味では、図2に示すように、株式会社

(18) 消費者庁（2016）「公益通報者保護法を踏まえた内部通報制度の整備・運用に関する民間事業者向けガイドライン」

(19) 消費者庁（2016）「公益通報者保護制度の実効性の向上に関する検討会 第一次報告書」15頁
(20) 樋口、井内（2007）109-117頁

制度の不完全さを補完するためには、内部統制システムの構築を含め、企業の内と外から様々な主体が企業活動に関与していく仕組みを整備することが極めて重要であると考えている。

前述のCOSOのフレームワークでも指摘されているように、「内部統制」は問題解決にとって、絶対的な保証ではなく合理的な保証である。〜 "Internal control provides reasonable but not absolute assurance." 経営者を始めとした経営幹部がこのことを肝に銘じて問題解決に取り組むことが求められているのではなかろうか。

（追記）

本稿執筆後、ものづくり企業の品質管理をめぐる不正はさらに広がりを見せている。神戸製鋼では、第三者委員会報告書（非公表）を受けて、社長など経営陣が引責辞任すると報道されており、三菱アルミや宇部興産などでも品質管理をめぐる不祥事が明らかになっている。また、新幹線の台車亀裂問題（川崎重工）など、深刻な被害を生じ兼ねない事例も発生している。他方、行政においても、本稿校正の最中、財務省による森友学園問題関連決済文書等の改ざん問題が飛び込んできた。残念ながら、企業や行政のトップが、消費者のため、国民のためという本来の組織の目的、意義を見失い、組織の内部統制のシステムが機能不全に陥っているのが、日本の現状であると言わざるを得ない。

＜参考文献＞

池島真策（2016）「企業集団と内部統制について」慶応義塾大学法学研究 Vol.89. No.1、169-191頁

大倉雄次郎（2008）「企業競争下における内部統制システムの在り方」関西大学商学論集、52（6）：69-87頁

柿崎環（2005）「内部統制の法的研究」日本評論社

経済産業省企業行動課（2007）「コーポレート・ガバナンスと内部統制―信頼される経営のために」

消費者庁公益通報者保護制度の実効性の向上に関する検討会（2016）「公益通報者保護制度の実効性の向上に関する検討会 最終報告書」

トレッドウェイ委員会組織委員会（鳥羽至英、高田敏文、八田進二訳）（1996）「内部統制の統合的枠組み 理論篇、ツール編」、白桃書房

COSO（八田進二、箱田順哉 監訳）（2014）「内部統制の統合的フレームワーク」日本公認会計士協会出版局

樋口一清、井内正敏（2007）「日本の消費者問題」建帛社

町田祥弘（2007）「内部統制の知識」日本経済新聞社

（調査報告書等）

長島・大野・常松法律事務所（2017）「完成検査の実態に関する調査報告書」株式会社SHBARU

西村あさひ法律事務所（2017a）「車両製造工場における不適切な完成検査に実施について」日産自動車株式会社調査報告書

西村あさひ法律事務所（2017b）「若松製作所における不適合品の出荷に関して」三菱伸銅株式会社調査報告書

西村あさひ法律事務所（2017c）「箕島製作所におけるシール製品等の品質管理体制の実態について」三菱電線株式会社中間報告書

東レ株式会社有識者委員会（2017）調査報告書

株式会社神戸製鋼所（2017）「当社グループにおける不適切行為に係る原因究明と再発防止策に関する報告書」

（2018年1月4日投稿、同日受理）

イノベーション・マネジメント研究　No.13　2017

『学生コンサルタント・チームによる
経営コンサルティング演習の報告』
―信州大学経営大学院におけるアクション・ラーニングの
取り組み（Part 2 ）―

信州大学学術研究院社会科学系（経営大学院）教授
経済・社会政策科学研究科主担当

今村　英明

1.　本稿の背景と目的

（ア）信州大学経営大学院（以下「本大学院」と略す）のカリキュラム「プロジェクト演習」（以下「P演習」と略す）は、グループ・ワークや現実的な実践課題の分析と解決というアクション・ラーニング型の組織学習支援プログラムである。

（イ）筆者は、本大学院において、2011年度から14年度までの4年間にわたり、このP演習として、ビジネス・プロセス・リエンジニアリング（以下「BPR」と略す[1]）の手法を用いた「業務の診断と改革」の指導を担当してきた。この内容、成果、課題に関しては、すでに報告書を上梓した[2]。

（ウ）その後、P演習のテーマを「経営コンサルティング」に変えて、2015年度から2017年度まで3年間にわたり、社会人大学院生が実際の企業や団体に対して、経営の診断や改善案の提言を行うプログラムを指導してきた。いわば、本大学院のアクション・ラーニング教育の第2弾（Part 2）としての位置付けである。

（エ）本稿の目的は、こうしたアクション・ラーニング教育Part 2の試行の内容と成果並びに今後の課題について、受講学生の事例報告も交えて報告することである。経営教育

におけるアクション・ラーニングのあり方に関して、読者諸氏から広く忌憚のないご意見・アドバイスを頂戴できれば幸甚である。

2.　経営コンサルティングP演習の目的と概要

（ア）テーマ切り替えの背景

①　今般P演習のテーマをBPRから経営コンサルティングに変更したのは、それ以前のBPR演習での課題認識に由る。BPR演習は、業務改善を主目的として行なわれたが、「実際に企業・団体で業務診断に手を付けると、問題の真因が業務プロセスにあるのではなく、経営戦略やマーケティングや組織あるいは経営者の資質・能力の問題だったりすることが往々にして発生する[3]。この場合、BPRの手法だけでは、十分診断・対処しきれず、より広い経営監査とソリューションのスキルが求められることになる[4]」というものである。さらに、「現状は、あくまでBPRで押し、それ以外の経営課題は『副産物』として指摘するに留めるよう指導しているが、学生も相手先の企業・団体も『隔靴掻痒感』、『残尿感』などが残るようである[5]」ということだっ

---

(1) BPRは、業務プロセスを診断し、全体最適を図るように整流化する再設計を行うとともに、組織、職務、業務フロー、管理機構、情報システムなども同時に根本的に見直して、最終的に顧客に対する価値提供を飛躍的に増大させようという経営手法のこと。

(2) 今村英明、「ビジネス・プロセス・リエンジニアリング（BPR）プロジェクト演習の報告」、『イノベー

ション・マネジメント研究』2013　No.9、建帛社、pp.49-65。

(3) BPR専門家の間では、「汽車をいかに定刻通り走らせるかの問題」と「汽車をどこに向けて走らせるかの問題」などとして議論されてきている。

(4) 今村前掲報告、p.55。

(5) 同上。

●調査報告

た。

② 当初は、この課題に対処するためにより広い経営課題に取り組むコンサルティング・スキルに関する演習を導入するのは、修士課程1年生にはややオーバー・ストレッチではないか、との懸念から躊躇していた。しかし翌2014年度のBPR演習でも、同様の演習課題と演習スキルのミスマッチ問題が再び顕在化したために、やむなく2015年度に経営コンサルティング・スキル演習を試行した。その結果、事前の懸念を覆すような好い学習効果が出たため、結局3年間継続して現在に至っている。

(イ)演習の目的：

① 一般的に、経営コンサルティングの実務には、企業経営課題の広範さに応じて、幅広い専門スキルが求められる。しかし、限られた大学院の演習時間（22.5時間の規定授業時間＋実際のフィールド調査期間）だけでは、これらの広範なスキルセットをカバーすることは到底困難である。したがって、コンサルティング・スキルの内、大学院の必修科目である特定課題研究（プロジェクト研究）の遂行に役立ち、さらに修了後のビジネスキャリアにおいても使用機会のありそうな「汎用性」の高い基本スキルに絞って学ぶことを目的[6]としている。

② 具体的には、以下の習得を目指す。

・ 経営コンサルティングの基本概念 ―― 定義、類型、目的と効果、使用事例。

・ 基本手法（ワーク・プランニング、プロジェクト・マネジメント、仮説構築と検証サイクル、フィールド・インタビュー、業界・企業分析方法、業務プロセス分析手法、アンケート調査方法、プレゼンテーション、ファシリテーションなど）とその実施プロセス。

・ 基本概念と手法を使った具体的な実践訓練。

(ウ)この演習の特徴と訴求ポイントは以下の諸点である。基本的に、以前のBPR演習と同じである。

① チーム・プロジェクト形式による経営の実践的な課題分析を行うフィールド演習である。演習とは、指導者の下での継続的な反復練習を意味する。

② 総合性と実戦性である。具体的には、単なる理論やコンセプトの学習だけではなく、実際に仕事の現場で活用可能な手法の習得、受講者自身が関心のある具体的な経営課題と取り組む現実性、チームワークやプレゼンテーションなどの関連スキルの演習などが含まれる。

③ 大学院修士1年生には、同期生と一緒に課題に取り組むことで、交流を深めるとともに、チームワークを強化できる機会を提供する。また修士2年目以降の特定課題研究論文の「予行演習」的な要素が多く含まれている。

④ 演習参加のために必要な事前習得必須科目はない。

(エ)演習の進め方

① 教員による講義と受講者によるフィールド実習のミックスで行なう。

② 経営コンサルティングの基本概念と手法を講師から講義[7]する。

③ 受講者は、3〜5人ひと組で「学生コンサルタント・チーム」を組成し、教員から定期的に与えられる課題をチームで検討・作業し、その結果をクラス内で発表する。課題は、全て実際の企業・団体・個人を対象にした、実践的なものばかりである。

④ 最後に、チーム自身がそれぞれ独自に現実の企業・団体の経営課題を設定し、フィールドで検討作業をし、結果をまとめるとともに、クラス内で発表する。同時に、（可能であれば）検討対象として協力頂いた相手の企業・団体に対しても結果をフィードバック報告する。

⑤ 教員からは、講義と課題設定に加えて、

---

(6) なおこの目的は、本大学院の「学位授与方針」の以下の項目に該当している。①企業経営の理論的、専門的知識を習得し、所属組織の問題を発見し、解決策を立案・実行する。②企業経営の諸問題に対し、解決策を立案し、高いプレゼンテーション能力で組織をリードできる。③所属組織に対し、客観的・相対的に問題を分析・抽出し、新たな経営の方向性を提示できる。これは、以前のBPR演習においても同じである。

(7) 本P演習では教科書は使用せず、教員作成によるパワーポイント資料が教材となっている。

検討対象企業・団体へのアプローチ方法、事前の予備調査法、論点の検討法、インタビューなどの作業の進め方、メモのとり方・まとめ方、クラス内での発表の仕方などについて、指導する。またチーム・プロジェクトの進捗に合わせて、チーム別に個別にコーチング指導を行うと共に、品質管理を実施する。

(カ)演習スケジュールと主な内容（2016年度の場合）

回	日時	講義・宿題の内容
1	講義 4月23日（土） 9:30～12:00	● 授業概要の説明・オリエンテーション ● ビジネス・コンサルティングとは ● 基本スキル講座 I （論点、仮説、検証、プロジェクト・マネジメント、インタビュー）
2	宿題 3週間 （内1週間GW）	● チーム分け ● チームワーク（インタビュー、チームメンバー1人当たり最低3人以上インタビュー） ● 提出物：まとめパワーポイントと個別インタビューメモ
3	講義 5月14日（土） 9:30～12:00	● 宿題チームワーク（インタビュー）結果プレゼン ● 基本スキル講座II（企業概要の調査、業績分析—事業ポートフォリオ、財務、企業価値）
4	宿題 2週間	● 宿題の研究チームワーク（企業基本調査：同じ業界の企業2～3社を選び、概要と業績分析を行い、比較する） ● 提出物：個別企業調査結果と比較調査結果をまとめたパワーポイント集。
5	講義 5月28日（土） 9:30～12:00	● 宿題チームワーク（企業基本調査）結果プレゼン ● 基本スキル講座III（事業・市場分析—マクロ環境、顧客、競合、自社）
6	宿題 2週間	● 宿題の研究チームワーク（企業事業・市場分析：基本調査をした企業2～3社を選び、事業・市場の分析を行い、比較する）。
7	講義 6月11日（土） 9:30～12:00	● 提出物：個別企業分析と比較調査結果をまとめたパワーポイント集。 ● 宿題チームワーク（企業事業・市場分析）結果プレゼン ● 基本スキル講座IV（業務プロセス分析、アンケート分析、プロジェクト・マネジメント）
8	宿題 2週間	● 宿題の研究チームワーク（業務プロセス比較分析）
9	講義 6月25日（土） 9:30～12:00	● 宿題チームワーク（業務プロセス分析）結果プレゼン ● 基本スキル講座 V （イネイブラ、チェンジマネジメント）
10	宿題 2週間	● 宿題の研究チームワーク（コンサルティング・プロジェクト企画：コンサルティング対象企業・検討テーマ、プロジェクト・ワークプラン）
11	7月9日（土） 9:30～12:00	● チーム・プロジェクトの企画プラン発表 ● チーム・プロジェクトに対する講師の指導
12	宿題、2週間	● チーム・コンサルティング・プロジェクト
13	講義 7月23日（土） 9:30～12:00	● 基本スキル講座VI（プレゼンテーション、ファシリテーション）
14	宿題 9週間	● チーム・プロジェクト ● プロジェクトへの講師の個別指導（8～9月中、1～2回）
15	講義 9月24日（土） 9:30～12:00	● チーム別プロジェクト結果の提出と発表 ● 討議、講評、まとめ
16	チーム毎に	● チーム・プロジェクト対象企業・団体へのお礼、報告 ● チーム・プロジェクトの分析・検討結果のデータ化

●調査報告

（キ）P演習の課題例（2017年度の場合）
① 課題（1）フィールド・インタビュー演習

それぞれ職場・学校などでインタビューを行い、結果を報告して下さい。
1．対象：働いている人なら誰でも。
2．テーマ：
（ア）どんな仕事をしているか。
（イ）その仕事での成功の定義は何か。
（ウ）その仕事で成功するためには何が重要か（KSFは何か）。
（エ）KSFには共通点があるのか、ないのか。
3．インタビューの対象人数：3名以上
4．〆切：第2回授業で結果をプレゼン・提出すること。

② 課題（2）経営課題仮説の構築演習（CEOアジェンダ演習）

あなたのチームは、6月11日にある上場企業（以下X社と略す）の社長に会いに行きます。その時、X社の社長と有意義な意見交換ができるように事前準備を行って、社長がどんな問題意識を持っておられそうか（「CEO　アジェンダ」＝社長の最大関心事項）について、チームとして「仮説」を作ってください。X社をどこにするかは、チームで相談して決めてください。アウトプットは2回に分けて、発表・提出してください。
（1）初期分析結果：5月27日
（ア）対象企業X社の概要の理解
（イ）X社の最近の業績の理解
（ウ）そこから何が言えそうか
（2）詳細分析とCEOアジェンダ仮説：6月10日
（ア）X社の市場動向の理解（特に、X社の競合企業1〜3社との比較を含む。またX社が複数事業を展開している場合は、主力事業を1〜2個選んで競合との比較を行うこと。
（イ）CEOアジェンダ仮説となぜそう考えたかの背景説明

③ 課題（3）業務プロセス分析演習

チームで、外食レストラン、もしくはそれに類するサービスを一つ選び、その具体的な活動をマッピング、メジャリングして、診断せよ。具体的には、入店してから、着席、メニュー〜発注、自分の注文の処理プロセス、待ち時間、具体的な処理内容（ウナギ店の例であれば、串打ち、焼き、タレ付け、焼き、串抜き、ご飯盛り、ウナギ載せ、小鉢など配膳）、配膳、食べる、お茶、会計、出店まで、個別に時間を測ること。
1．複数店の診断結果をベンチマーキングせよ。店舗間で比較可能なように同じ業態の店を複数選び、できるだけ、同じ時間帯に

同じサービスを発注して、その結果を診断・比較すること。もし待たされたのであれば、待ち時間が長くなった原因を分析すること。
2．その比較の結果を評価し、差があれば、その原因や背景を分析せよ。また、それ以外の要素、味・雰囲気・価格も含めた総合評価をせよ。結果をチームでまとめ、発表せよ。
3．最近自分で経験した「待たされ体験」をできるだけ詳細に記述せよ。またその現象が発生した原因を考えよ。
4．チームで、メンバーそれぞれの経験を討議し、各自の体験をまとめるとともに、「待ち」発生の要因（共通・個別要因）などに関して、意見をまとめて、発表せよ。

④ 課題（4）プロジェクト・マネジメント、ワーク・プランニング演習

あなたのチームが、これから9月下旬に向けて、実行するコンサルティング・プロジェクトのプランを検討し、提出してください。
・ 対象となる企業または店舗または団体
・ その対象を選んだ理由
　✓ 経営課題がある可能性
　✓ 対象企業・団体からの協力が得られるかどうか
　✓ コンサルティング結果の報告要否
・ 作業プラン（各フェーズのアウトプット、主な作業、全体工程表、作業分担）
　1．診断フェーズ
　2．解決案フェーズ
　3．実行計画作成フェーズ
　4．プレゼンテーション、報告フェーズ
・ 主なマイルストーン
　・ 〜9月30日　チームで個別作業（途中、教員と個別にアポ取得し、指導を受けること。できれば7〜8月に1回、9月に1回）
　・ 9月30日　チームによる結果のプレゼンテーション

3．P演習の実績

（ア）受講者
① 受講者は、2015年度から17年度までそれぞれ11名、6名、4名であった。年度により学生者数が異なるが、概ね在校生の8割程度の受講率である。
② 修士1年生が9割を占める。2年生以上は特定課題研究を抱え、時間的に受講しにくいと思われる。
③ 出席率は95％以上だった。

（イ）チーム・コンサルティング・プロジェクト
　　の状況
　①　過去3年間のチーム・プロジェクトの
　　　チーム・サイズ、対象企業・団体、検討
　　　テーマは以下の表の通りである。

No	年度	人数	対象企業・団体	テーマ
1	2015	3	A公営観光スポーツ活動推進センター	基本方針策定、従業員間のビジョンの共有化策の提言と初期の実行の支援
2	2015	4	B高級イタリアン・レストラン	売上3倍拡大策と中長期の成長戦略の提言と実行の支援
3	2015	3	Cラーメン店	従業員募集定着策とマーケティング施策の提言と初期の実行支援
4	2016	3	D賃貸アパート	賃貸アパート満室化策の提言
5	2016	3	E駅前カフェ	最低月商倍増策の提言
6	2017	4	F社会福祉法人	社会福祉法人経営の製麺工場の稼働率、支払賃金向上策の提言

　②　上記の通り、対象企業・団体の業種や
　　　テーマは様々である。公営施設や社会福
　　　祉法人のような、経営大学院ではふつう
　　　取り上げない業界も含まれている。団体
　　　の所在地は長野県内であるものの、飯山
　　　市、長野市、小布施町、安曇野市、上田
　　　市など広く分散しており、地域市場特性
　　　も異なる。
　③　原則として、対象企業や団体に対して
　　　は、演習の対象としてご協力をお願い
　　　し、受け入れて頂くことを前提条件とし
　　　ている。そのため全ての企業・団体が、
　　　大学院生と何らかの形でつながりがあ
　　　り、全く無関係というところはなかっ
　　　た。いずれも、学生チームが少ないとこ
　　　ろで2〜3回、多いところでは10回以上
　　　取材訪問し、経営者や担当者に直接ヒア
　　　リングを行う他、業務現場での業務・プ
　　　ロセス分析や体験、経営資料の分析など

の作業を行っている。

4．P演習の成果と今後の課題

（ア）学習目的の達成度
・　授業の目的として掲げているコンサル
　　ティングの基本概念や基本手法、実施プ
　　ロセスなどについては、チーム・プロ
　　ジェクトを含めた4回の課題取り組みを
　　通して、受講生はある程度理解できた模
　　様である。
・　インタビューなどの基礎的なスキルは繰
　　り返し演習しており、レベルアップし
　　た。座学やケース討議のみの授業に比
　　べ、こうしたスキルの学習効果は高い。
・　BPR演習の課題としてあった「経営課題
　　と演習スキルメニューとのミスマッチ」
　　の問題は出なかった。経営課題の難しさ
　　に対して、診断しきれなかったり、ある
　　いは、解決策が提言できなかったり、と
　　いったスキル不足の問題は、もちろん頻
　　繁に起きたが、学生チームの演習として
　　は当然のことであろう。むしろ現実を前
　　にしたそうした「力不足」を実感しても
　　らうことも、学習効果の一つだったかと
　　思われる。
（イ）アウトプットの品質
・　プロジェクトのアウトプットの品質は、
　　筆者の経営コンサルティング経験から
　　すると、プロのレベルとはもちろん距離
　　感はあるものの、パートタイムのアマ
　　チュア・コンサルタントとしては、合計
　　6チーム中4チームは「合格」のレベル
　　だった。残りの2チームは、やや掘り足
　　りない部分が残った。
・　各チームのアウトプットは、対象企業・
　　団体にフィードバック報告され、それな
　　りに評価されたようである。過半数の相
　　手先で、学生チームからの報告後、実際
　　にその提言の一部または全部を実行し
　　て頂いたという。さらに、提言施策が奏
　　功して、来客数と売り上げが大幅に増大
　　した店舗や、従業員のモラルが向上した
　　団体など、実際に具体的な成果に結びつ
　　いた例も複数あったようで、頂戴したご
　　協力に対して多少の「ご恩返し」が出来
　　たようである。
（ウ）それ以外の効果
・　チーム形式での学習に関しても、学びは

●調査報告

大きかったと思われる。地域が分散する「社会人学生がチームを組んでスタディを行うのは、空間的・時間的に種々の困難が伴う。しかし、各チームが徐々にそれぞれ適切な協働方式を見出し、チームワークを向上させていくのが顕著に観察できた[8]」点はBPR演習と同じであった。

・ BPR演習に比べると、経営コンサルティング演習の場合は、所要スキルの幅が広い分、多様なバックグラウンドを持つ社会人学生が協働することで、お互いのスキルを補完し合える余地は大きかったようである。例えば、企業の財務・経理分析の実務経験者が課題分析において、またITやWebの実務経験者がシステム改善やマーケティングの新施策の提言において、それぞれ独自の貢献ができた、などである。

・ リーダーシップやフォロワーシップの実践教育的な効果、学生間のボンディング（絆づくり）、社会学習経験など、BPR演習[9]でも得られた効果は、今回も同様に達成された。

（エ）顕著な課題

・ 受講者からのフィードバックは、概ねBPR演習と同様のポジティブな評価だった。また同様に、「全科目の中で最も大変だった」、「時間的にきつかった」という負荷や時間的なプレッシャーに対するコメントも多かった。「これで2単位は少なすぎる。4単位に認定すべき」とのコメントもあった。BPR演習と同様、「複数科目を並行受講しかつ平日はフルタイムの仕事を抱えている社会人学生にとっては、かなり重い負担になったことは確かである。ただ一定品質のアウトプットを目指そうとすれば、この程度の時間投入は最低条件とも考えられ、頭の痛い部分でもある[10]」というアクション・ラーニング固有の課題は依然残っている。

（オ）まとめ

・ 以上を総合すると、今後も引き続きこの方式でのＰ演習は続ける価値はあるも

のと評価している。ただ学生チーム間での達成レベルのバラツキ、社会人学生への過負荷の問題などには今後も配慮が必要である。

・ 参考資料として、2017年度の学生チーム・プロジェクトの概要と成果を学生チームから事例として以下に報告する。Ｐ演習の感じが伝われば幸いである。なお相手先の団体からは掲載をご了解頂いている。

・ 最後になったが、ご協力を頂戴した各企業・団体・お店の方々には、学生チームの活動が、業務の大きな妨げにならなかったことを切に祈るものである。過去3年間本大学院と学生に賜ったご支援とご協力にこの場を借りて、改めて心より御礼を申し上げたい。

2017年度プロジェクト演習　成果報告
社会福祉法人A法人の販売戦略の診断と改革提言
信州大学経営大学院修士課程
学生コンサルタント・チーム
塚田和生
堤　啓明
町田浩一
森山義三

　以下の記述は、対象組織の経営情報に関する守秘義務のため、本来の趣旨を損なわない範囲で匿名化や数字の加工を行っている。またこの報告の執筆にあたっては、ご協力頂いた対象団体からのご承諾を頂いている。

1　対象組織の概要

　A製麺工場（以下A工場）は、長野県内でそば、うどんなどの麺類を製造、販売する社会福祉法人である。A工場は、約10種類の事業を展開するB社会福祉法人に属する一つの事業体であり、障がい者を支える就労継続支援B型施設である。スタッフ5名で運営されており、工場での生産は、作業者（障がいを持つ施設利用者）18名と製麺指導者1名によって行われている。

2　背景と課題

2.1　背景

　社会福祉事業は、利用者への影響を勘案して第

---

(8) 今村前掲報告、p.54。
(9) 同上

(10) 今村前掲報告、p.55。

1種社会福祉事業と第2種社会福祉事業に分類されている。主に入所施設サービスである第1種社会福祉事業に対して、第2種社会福祉事業は、主に在宅・通所サービスであり、運営上の自主性と創意工夫が求められる。

第2種社会福祉事業の中には、就労継続支援（A型、B型）、就労移行支援がある。就労継続支援A型は、利用者と雇用契約を結んで給料を支払い、社会保険に加入させる義務があり、一定以上の事業収益が求められる。一方、A工場が適用している就労継続支援B型は、A型より事業収益が小さいため、利用者と雇用契約を結ばずに、工賃のみを支払う仕組みであり、運営コストが低い。

2.2　課題

2017年4月の障がい者総合支援法の改正により、利用者の賃金を障がい者の自立給付金から支払うことは禁止され、事業収入からの支払いに制限された。事業収益を向上して、支援形態の選択肢を増やすことができれば、より多くの障がい者の支援を実現できる。しかし、A工場の現在の収益では、就労継続支援A型を適用した施設運営は困難である。従って、今後、事業収入を増やし、十分な収益の確保を目指す必要がある。

収益改善に対するスタッフの意欲は高いものの、実行している対策の根拠と効果が不明確であり、暗中模索の状況である。

3　主なコンサルティング作業内容

プロジェクトは、2017年7月中旬にチームを組成し活動を開始した。企画書（SOW[11]）、作業一覧表（WBS[12]）、工程表（Gantt Chart）を制定し、随時内容を見直しながら活動を進めた。

【診断フェーズ】

対象組織を診断するために、A工場の製造責任者C氏に事前アンケートとヒアリングを実施した。また工場を訪問し、生産工程や管理状況を確認し、複数の課題を把握した。その後C氏と協議を重ね、今回のコンサルティングの主要な対象範囲と目標を具体的に設定し、双方で共有した。その上で、課題の構造を把握するために、A工場の販売状況、収益性、強み、弱み、財務データ、サプライチェーンなどの詳細分析を行って、課題の診断をまとめた。

【解決案フェーズ】

課題の分析結果を踏まえて、指導教員とも数回の討議を重ねて解決の方向性を検討した。また外部の先行事例研究や新規顧客開拓の候補先へのヒアリングなども行った。その上で、具体的な解決案を策定し、9月末に学内で報告した。そこでの指摘事項を反映して内容を改善し、10月中旬にC氏に個別に事前報告を行った。報告内容に対するC氏からのインプットを反映して再度内容を見直し、11月中旬にA工場、及びB社会福祉法人への最終報告を実施した。

4　コンサルティング報告の概要

4.1　目的と問題点

目的を「利用者が、就労継続支援A型／B型／就労移行支援を選択できる総合福祉施設への成長を視野に入れた経営改善」とした。

問題点を「賃金不足」と「適正な稼働時間確保」の2点に定め、それぞれに対して「現状」と「あるべき姿」を、金額、時間の数値により明確化した。

具体的には、

① 利用者（障がい者）への支払賃金を現在のレベルから、約2.2倍に引き上げる。

② 利用者の稼働時間（労働時間）を現在の約2倍に引き上げる。

というチャレンジングな目標である。

4.2　診断結果

アンケート、ヒアリング、工場視察、各種資料、データ分析などから、次ページ上段の図の各プロセスに複数の課題があることが分かった。

データ分析において赤字商品が多数存在していることが判明したため、「販売プロセス」を優先課題と判断し、問題点を解決するための販売戦略策定を主要な検討範囲と設定した。

次ページ中段のグラフは、A工場の全商品の売上高と利益率である。2016年度の売上高総利益率（粗利率）は平均で約20％を確保しているものの、実は取扱商品のうち3分の1の商品において赤字であることが判明した。

もし仮に黒字商品（3分の2の商品）のみに販売を絞った場合、売上高は3分の1程度減収となるが、売上総利益は大幅に増益となり、売上高総

---

(11) SOW：Statement of Work。プロジェクト・マネジメント（PM）でよく使われる用語。プロジェクトの基本仕様を設定した文書。

(12) WBS：Work Breakdown Schedule。前注と同様、PM用語。主な作業内容を体系的に分解し、分業可能な小さな作業モジュール構造に組み立てたもの。

●調査報告

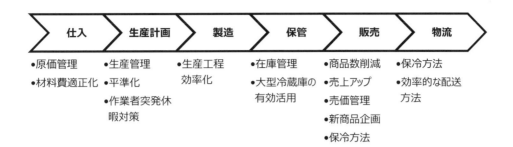

商品別売上高

販売先別売上高と利益率

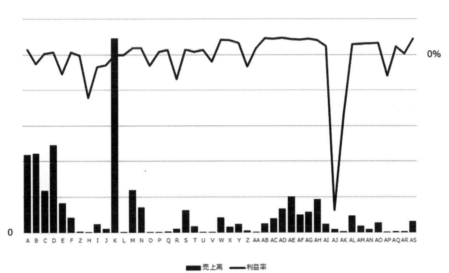

利益率も約50%にまで上昇することが判明した。

また販売先別売上・利益を分析してみると（前ページ下段のグラフ参照）、各種イベント等における商品販売が売上・利益ともに高く、更なる収益向上の良い機会になりうることが分かった。逆に、従来の主要取引先であるD社に対する販売は赤字であり、取引の見直しが急務であることも判明した。

4.3　解決策の提案

上記分析を受け、①既存商品改善、②販売方法改善の2点を販売戦略として提案した。

提案①既存商品改善は、販売価格の見直しや商品整理により赤字商品をなくすことで、収益を改善するというものである。

提案②販売方法改善は、具体策として、自主販売方法改善と新規販売先開拓の2点を提案した。

自主販売方法改善は、売上・利益ともに優良であり、A工場の強みである自主販売方法の一層の改善により売上・利益を一段と高めるというものである。

新規販売先開拓は、A工場の強み・弱みを踏まえて、取引見込のありそうな業種等をピックアップし、新規の開拓提案をすることとした。

4.4　解決の具体策

4.4.1　提案①既存商品改善

商品の絞り込みと今後重点的に販売をしていくべき商品を提案した。試算の結果、現在販売実績のある3分の1の商品が赤字である。また、売上規模に対して商品数が過剰である。

そこで、今後販売すべき商品を3分の2の黒字商品に絞り込む。それにより、売上高と稼働（労働）時間は大きく減少するものの、利益額と利益率は改善し、その結果、支払い時給は大きく改善する。赤字商品については、改善しない場合は受注辞退も視野に値上げ交渉を実施し、商品数は3分の2に減らしても、売上高は現在の80%レベルの維持を目指す。

その他、提案①の個別対応として二つの条件を提示した。

一つ目は、赤字だが販売先売上高が最も大きいD社との交渉は、仮に取引を中止すると利用者の稼働時間が減少するインパクトが大きいため、できるだけ取引の継続を優先することである。そのため、価格交渉が難航する場合は赤字商品の継続を認める。

二つ目は、系列社会福祉法人などの関係者との仕入・販売額調整を優先することである。

これら関係者への調整は、比較的理解を得やすいと考えられるためである。

4.4.2　提案②-1. 自主販売商品の販売方法改善

今後販売を伸ばしていくべき商品は、自主販売商品である。自主販売は販売先売上高でも、一番売上げが大きく利益も確保できている。自主販売商品の販売方法改善を提案した。（売上目標：2016年度比約2倍）

【販売方法の強化】

以下三つの販売方法改善により、お客様の購買意欲を高める。

・立て看板・POP広告

これまでの販売では、単純な立て看板だけであったが、立て看板やPOP広告において、キャッチコピー（一言で人目を引く表現）、ボディコピー（販売商品の特徴を表現）、クロージングコピー（最後の一押し）を適切に表現する。

・商品レイアウト

これまでの販売では、箱の中をのぞかないと商品が見えないなど、商品の陳列に課題があった。商品の並べ方や数量、配置などを改善する。

・心をひきつける販売トーク

道行く人を立ち止まらせ、販売商品に興味を持ってもらい、購入してもらうためには、良質な販売トークは欠かせない。販売訓練を実施し、スキルを身につける。

【販売商品の工夫】

お中元やお歳暮の時期に販売しているセット商品がよく売れているため、「カレーとうどん」、「麺、つゆ、薬味」など、セット商品に更なる工夫を加え、ラインナップを拡充する。

【リピーター誘導】

これまでの販売では売切りで終わっていることが多く、リピーターを誘導できていなかった。そこで、販売時にチラシを同封し、店舗や通販の案内を積極的に周知し、リピーターを獲得する。

4.4.3　提案②-2. 新規販売先の開拓

新規販売先の開拓を提案した。（売上目標：既存売上比約20%相当）

新規販売先を検討する資料として「新規販売先比較表」を示した。新規販売先比較表では新規取引先候補を挙げ、取引メリットを「×・△・○・◎」の4段階で評価した。その

●調査報告

結果、総合判定で○以上となる和食店・宿坊、ラーメン店、道の駅、食品メーカーを候補とした。

新規販売先比較表

販売先		店舗数	受注見込み数	要求品質	要求コスト	数量安定性	戦略フィッティング	総合判定
		少×…◎多	少×…◎多	高×…◎低	高×…◎低	低×…◎高	低×…◎高	悪×…◎良
飲食店	そば専門店	◎	×	×	○	◎	◎	×
	駅そば	×	◎	△	×	◎	△	×
	うどん店	△	◎	○	×	◎	△	△
	和食店	△	○	○	○	○	○	○
	ラーメン店	◎	◎	○	○	◎	○	◎
	スパゲッティ店	△	◎	○	○	◎	×	△
	定食屋	○	○	◎	×	○	◎	△
	居酒屋	◎	△	○	△	○	△	△
施設系	宿坊	△	△	○	◎	△	○	○
	民宿	△	△	○	○	△	△	△
	学食・社食	△	◎	◎	×	◎	○	×
	高齢者施設	△	○	○	×	×	○	×
	幼稚園・保育園	△	○	○	×	×	○	×
小売	道の駅	△	○	○	◎	○	○	○
	スーパー	○	○	○	×	○	○	△
	酒屋（日本酒）	△	×	○	△	○	○	△
その他	直販	△	○	○	○	△	◎	○
	卸売業者	△	○	○	×	◎	△	○
	食品メーカー	△	◎	○	△	◎	○	○

【和食店・宿坊】
　和食店や宿坊への営業は最終販売価格の高い○○寺界隈に絞った。○○寺界隈には複数の和食店や多数の宿坊が点在する。特に最近は宿坊ブームもあり、精進料理と、A工場の高品質な「そば」「うどん」「ひやむぎ」は相性が良いと考えられ、高い利益の確保と安定的な販売が期待できる。

【ラーメン店】
　ラーメン店は店舗や商品ごとにこだわりが違い、新商品開発に際してのラーメンへの参入機会がある。また、ラーメン店同士のつながりもあり、紹介による新規販売先確保も期待できる。さらに、先行事例として他県のE社会福祉法人の事例を紹介した。E社会福祉法人は就労継続支援A型、B型、就労移行支援から選択可能な多機能事業所で、地元中華料理チェーンと提携し、ラーメンや餃子を製造している。こうした先行事例からも今後の販売先確保のチャンスは十分にあるものと考える。

【道の駅】
　A工場周辺には10か所弱の道の駅があり、地元ブランドのそば・うどんも販売されている。地元スーパーでの製品販売価格に対し、道の駅での販売価格はかなり高く、十分な利益確保が期待できる。

【食品メーカー】
　A工場の衛生面への配慮は十分であり、食品メーカーからのOEMや授産施設としての作業受注に適している。作業時間の確保や売上の確保に活用可能である。

4.5 まとめ

A工場の事業収入改善を実現する戦略提案は、以下の通りである。

提案① 既存商品改善
　　販売価格を見直し、赤字商品を廃止する。
提案② 販売方法改善
　　A：自主販売方法改善
　　　商品アピール方法を見直し、リピーターを増やす。
　　B：新規販売先開拓
　　　道の駅　宿坊　OEM　ラーメン店

今後の進め方は以下3段階とする。

段階① 現状把握
　　今回のデータ分析において、信頼性の低いデータが多かったため、改めて正確に現状を把握する必要がある。戦略の基礎となる重要な工程なので、丁寧に実施し、各商品の収益を正確に把握する。
段階② 分析と売価設定
　　各商品の目標売価を決定し、現状との差を明確化する。
段階③ 戦略実行
　　戦略提案を実行する。提案①は比較的容易に実施できるが、稼働時間減のリスクがある。従って、実際に実行に移す際には、提案②を実施して効果を確認しながら、並行して提案①を実施する。

5 演習の反省、感想

今回の演習を通じ、コンサルティングの難しさと面白さ、また顧客志向の重要性を、実践的に学ぶことができ、非常に有意義であった。一般的な講義で学ぶ理論やケースなどと比べて、本物の体験には大きな責任、使命感、達成感が伴うため、各自がより真剣に取り組み、理解を深め、成長できたことを実感している。

本演習の実践にあたり、厳しくも暖かくご指導いただいた指導教員と、協力をご快諾いただいたB社会福祉法人、A工場の皆様、そして、様々な依頼に対して労を厭わず対応していただいた製造責任者のC氏に、改めて感謝の意を表したい。

（2018年1月22日投稿、1月24日受理）

『イノベーション・マネジメント研究』
"Journal of Innovation Management"
投稿規程

1．テーマ
　・経営行動のイノベーションに関する理論・歴史・政策の分析及び紹介
　・地域、産業、企業、行政などに関する理論と実証分析
　・地域、産業、企業、組織などの先端事例の分析と紹介
　・人材育成、マネジメント教育に関する調査分析
2．投稿者
　　上記テーマに関する未発表の論文であれば、資格要件を問わず投稿できる。ただし、大学の常勤教員、大学院在籍学生以外のものは、研究歴など簡単な履歴を提出すること。
3．原稿言語
　　和文または英文とする。その他の言語を希望するものは、事前に編集委員会まで申し出て、了解をうることとする。英文原稿は、和文タイトルと和文要旨を添付する。
4．原稿の種類と掲載
　　投稿原稿のうち査読を希望する原稿は、編集委員会が定めるところにより専門家・識者による査読を経て、編集委員会が掲載の採択を決定し、「査読論文」として掲載する。査読に関する手続は、別途定める。査読を必要としない投稿原稿は、編集委員会による協議を経て、原稿の内容に応じて「研究ノート」もしくは、「調査報告」として掲載を決定する。編集委員会による依頼論文は、「論壇」もしくは、「依頼論文」として掲載する。
　　編集委員会は、本誌が掲載する予定の原稿全てについて、原稿の内容や形式について著者に説明または修正を要求できるものとし、また、編集作業上の観点から校閲する権限を有する。
5．原稿の執筆要領
　　原稿の執筆要領の詳細は、「『イノベーション・マネジメント研究』投稿細則」による。
6．原稿の投稿日と受理日
　　原稿の投稿日は、編集委員会が原稿を受領した日とし、受理日は、編集委員会が原稿の掲載を承認した日とする。
7．原稿の著作権利
　　本誌に掲載された著作物の著作権は著者に帰属し、本誌は編集著作権を有するものとする。著者は、これの著作権の行使を本編集委員会に委託するものとするが、当該著作者が自らこれを行使することもできる。

附則　2017年1月1日よりこれを施行する。

『イノベーション・マネジメント研究』
投稿細則

『イノベーション・マネジメント研究』への投稿原稿は、以下に示す規定に準拠して執筆するものとする。
1．原稿分量は、図表を含め日本語30,000字、英語10,000ワード以内を目安とする。これを超えるものについては、あらかじめ編集委員会の承諾を得るものとする。
2．投稿原稿の様式は、ワープロA4用紙（縦置き横書き）に横書き、新仮名使いを原則とする。図表は、適切な大きさに縮小して、原稿とは別のA4用紙に1点ずつ描きまたは貼付し、それぞれ一連番号をつけて、可能な限り完全版下状態にて提出する。但し、図表の体裁が簡潔で、ワープロ原稿に挿入して差し支えないものなどについては、別用紙への貼付方法に依らなくともよいものとする。
3．投稿原稿の章立て、注記、引用文献などの扱いは、学術論文の作法に準じ、引用などに当たって許諾の必要なものは、執筆者の責任において、投稿前にあらかじめ権利者からの承諾を得ておかねばならない。
4．投稿原稿は、Wordによる電子媒体（CD-RもしくはUSBメモリ）1部を、所定の「投稿論文など審査申込書」を添えて編集委員会宛に提出する。提出は、電子メールによる添付ファイルとすることも可能であるが、通信エラーによる未着あるいは、ファイル破損の責任は投稿者に帰するものとする。編集委員会から電子媒体での提出を求められた場合は、従わなければならない。なお、編集委員会からの要請以外の理由による原稿提出後の訂正などには応ずることはできない。
5．投稿原稿のテーマや内容、形式によっては、査読実費等を請求する場合がある。
6．図表についても、本誌製版作成技術上の規格に合わせた電子編集可能な媒体にて提出することが望ましい。編集委員会の求めるところ以外の仕様による場合は、入力作業費及び版下作成費を投稿者に求めるものとする。
7．著者校正は原則として1回とするが、編集委員会の認める事由がある場合には追加することができる。校正に要する時間は編集委員会の指示による。
8．原稿の抜き刷りは作成しないが、希望のあるものについては実費相当分を負担して作成することができる。
9．投稿者は、掲載誌を2部提供される。共同執筆者についても同様とする。それ以上の要求がある場合には、編集委員会に申し出て協議する。
10．投稿宛て先は、信州大学経営大学院内『イノベーション・マネジメント研究』編集委員会宛とする。投稿締切日は、原則として、毎年11月末日とするが、常時受け付ける。

附則　2017年1月1日よりこれを施行する。

『イノベーション・マネジメント研究』
査読規程

1．査読希望論文が提出された場合には、編集委員会は、速やかに論文確認を実施し、査読に付すかどうか検討する。
2．編集委員会は、査読に付すと判断した場合には、査読員2名以内を選出して、査読を依頼する。
3．査読員は、査読結果を所定の査読報告書により、編集委員会に報告する。編集委員会は、査読の結果に基づいて掲載の可否を決定する。査読員の見解が著しくかけ離れるときには、編集委員会が総合的に判断して、掲載の可否を決定する。
4．査読員の氏名は、原則として公表しない。
5．査読のために、試験研究・調査の実施、新規文献の購入、査読員との協議など、特別の経費が発生する場合には、実費の範囲内で、論文投稿者に査読審査料を請求することができるものとする。
6．編集委員会は、査読員に対して謝金を支払うことができる。謝金については、別途定める。

附則　2017年1月1日よりこれを施行する。

『イノベーション・マネジメント研究』
査読細則

1．査読員は、当該論文に近い研究領域を持つと思われる者2名以内とする。
2．投稿者と査読員が異なる所属機関となる場合、査読員を1名とすることができる。
3．編集委員会は、査読の結果に基づいて掲載の可否を決定するが、査読結果について、投稿者から疑義が出された場合、あるいは査読員の見解が著しくかけ離れる場合には、査読員を追加して、判断材料を追加することを妨げない。

附則　2017年1月1日よりこれを施行する。

『イノベーション・マネジメント研究』
査読員内規

1．査読員は、編集委員会が示す期間内に査読を実施し、査読結果を編集委員会に回答しなければならない。
2．査読員は、査読の依頼を受けたことを口外してはならない。
3．編集委員会は、信州大学経営大学院教員以外の査読員に対して所定の謝金を支払うことができる。

附則　2017年1月1日よりこれを施行する。

イノベーション・マネジメント研究　No.13　2017

2018年3月27日発行

編　　　者：イノベーション・マネジメント研究　編集委員会
　　　　　　〒380-8553　長野県長野市若里 4-17-1
　　　　　　信州大学経営大学院内
　　　　　　TEL 026-269-5696／FAX 026-269-5699
　　　　　　http://www.shinshu-u.ac.jp/graduate/im/
発　行　者：筑紫　和男

発　行　所：㈱建帛社
　　　　　　〒112-0011　東京都文京区千石 4-2-15
　　　　　　〔営業部〕TEL 03-3944-2611／FAX 03-3946-4377
　　　　　　http://www.kenpakusha.co.jp/

定価（本体 1,000円＋税）

©信州大学 経営大学院 2018　　　　　　　DTP／印刷・製本：亜細亜印刷株式会社